AF453180

CANAL INTER-OCÉANIQUE

PAR

LE NICARAGUA

AU MOYEN DU PROLONGEMENT DU NIVEAU DU LAC JUSQU'AUPRÈS DES OCÉANS PAR LA
SUBMERSION DES VALLÉES DU SAN-JUAN ET DU RIO GRANDE

PRÉCÉDÉ

D'une déclaration de M. Ferdinand DE LESSEPS, et d'une lettre de Son
Excellence le Ministre de Costa-Rica.

Par M. Aristide-Paul BLANCHET

BOURGES

IMPRIMERIE ET LITHOGRAPHIE DE A. JOLLET, RUE DES ARMURIERS, 2.

1875

Paris, 13 août 1875.

Monsieur le Comte Ferdinand de Lesseps,

Aux conférences qui ont eu lieu, lundi dernier, dans la salle des Etats, aux Tuileries, M. de Gogorza a exposé ses idées au sujet du passage à niveau sans écluses d'un canal inter-océanique par l'isthme de Darien.

J'ai eu ensuite l'honneur d'exposer devant vous et devant un nombreux auditoire le projet de canal par le Nicaragua, dont je suis l'auteur. Le peu d'altitude du lac de Nicaragua au-dessus des deux Océans et la situation topographique de la contrée, rendent, selon moi, très-facile l'exécution d'un canal avec écluses.

Je propose donc l'établissement du canal par la submersion des vallées au moyen du prolongement du lac le plus près possible des deux Océans et de quelques groupes de doubles séries d'écluses, réunies sur quelques points, n'entravant en rien la navigation, et permettant d'atteindre sur place l'altitude du lac.

C'est un vaste détroit et non un canal qui se trouvera ainsi créé.

M. Nourse, dans quelques développements en anglais, a combattu les idées de M. de Gogorza.

Vous avez bien voulu, Monsieur le Comte, résumer la discussion et conclure de la sorte :

« J'ai toujours préconisé l'exécution de canaux sans écluses, mais si
» l'impossibilité d'établir un canal inter-océanique à niveau dans l'isthme
» américain est démontrée, je déclare que le projet Blanchet me semble
» le plus praticable. »

J'attache une extrême importance à l'opinion d'un homme tel que vous, Monsieur le Comte, et je serais extrêmement heureux que vous voulussiez bien me confirmer ces bonnes paroles, si flatteuses pour moi.

Daignez agréer, Monsieur le Comte, l'expression de mes sentiments les plus respectueux.

(Signé) BLANCHET.

M. Blanchet m'ayant communiqué la présente lettre, je confirme les paroles que j'ai prononcées au Congrès géographique, et qu'il a exactement reproduites.

Paris, le 13 août 1875.

(Signé) FERD. DE LESSEPS.

LÉGATION DE COSTA-RICA

EN

GRANDE BRETAGNE, ETC.

Paris, 16 août 1875.

A Monsieur Aristide P. Blanchet, Ingénieur civil, etc. etc.

MON CHER MONSIEUR,

Le projet de canalisation de l'Isthme américain, entre les États de Costa-Rica et de Nicaragua, a toujours été considéré par les gouvernements de ces pays avec une faveur toute particulière et un très-vif intérêt.

La connaissance personnelle des hommes politiques de ces pays, à l'esprit de progrès desquels je me plais à rendre un sincère hommage, ainsi que les instructions de mon gouvernement à ce sujet, m'autorisent à vous assurer que toutes les difficultés et obstacles qu'il sera en son pouvoir d'aplanir, seront aplanis par lui.

Il fera le nécessaire pour faciliter la réalisation d'une œuvre si importante pour le pays, si favorable et si bienfaisante aux intérêts de l'humanité tout entière.

Mon gouvernement, ainsi que tous ceux du Centre-Amérique, sans exception, sont animés du désir sincère de favoriser et de protéger la réalisation d'une entreprise sérieuse, scientifiquement reconnue pratique, ayant pour objet la création d'un canal inter-océanique.

J'ai la conviction que votre projet, offrant à ce double point de vue la solution désirée, approuvé par les hommes de la plus haute compétence, obtiendra le meilleur accueil des gouvernements intéressés d'Amérique.

Le gouvernement de Costa-Rica avait appréhendé justement de voir
une entreprise si grandiose compromise par la spéculation ou discré-
ditée par l'intrigue, et sa réserve avait été dictée par la prudence, jamais
par la mauvaise volonté.

L'œuvre que vous proposez est une œuvre de civilisation; elle obtiendra
l'appui de tous les hommes éclairés, et particulièrement celui des peuples
de l'Amérique, auxquels vous allez vous adresser.

Veuillez agréer, cher Monsieur, l'expression de mes meilleurs sentiments.

Manuel M. Peralta.

PROJET

D'UN

CANAL INTER-OCÉANIQUE MARITIME

A GRANDE SECTION

A TRAVERS LE GRAND ISTHME AMÉRICAIN

PAR LE NICARAGUA

POUR UNIR L'OCÉAN ATLANTIQUE & L'OCÉAN PACIFIQUE

A L'AIDE DU FLEUVE SAN-JUAN

DU LAC DE NICARAGUA

ET DU PERCEMENT DE L'ISTHME DE RIVAS

Par les vallées du rio Lajas et du rio Grande

Par Aristide-Paul BLANCHET.

BOURGES

IMPRIMERIE ET LITHOGRAPHIE DE A. JOLLET, RUE DES ARMURIERS, 2.

1875

PROJET D'UN CANAL

Inter-Océanique maritime à grande section, à travers le grand Isthme Américain

PAR LE NICARAGUA

POUR UNIR L'OCÉAN ATLANTIQUE ET L'OCÉAN PACIFIQUE

A l'aide du fleuve San-Juan, du lac de Nicaragua et du percement
de l'Isthme de Rivas

PAR LES VALLÉES DU RIO LAJAS ET DU RIO GRANDE.

Importance d'un Canal à travers le grand Isthme Américain.

Un canal maritime à travers le grand Isthme Américain, pour faire passer les navires d'un Océan dans l'autre, leur éviterait le double parcours par le cap Horn de près du quart du méridien terrestre, c'est-à-dire, avec les détours obligés, un voyage inutile, et tous les dangers qu'il comporte, d'environ 20,000 kilomètres.

Les contrées du globe les plus importantes par leur population, leurs richesses agricoles et industrielles, et leur commerce maritime, sont toutes au nord de l'Équateur, au-dessus du 20ᵐᵉ degré de latitude; en sorte que les navires qui en partent pour gagner la même latitude dans l'autre Océan, sont obligés de tourner l'Amérique méridionale, et de descendre dans l'autre hémisphère jusqu'au 60ᵐᵉ degré. Il vont ainsi inutilement au Midi de 70 à 80° pour les remonter de l'autre côté de l'Amérique du Sud, ce qui, avec les détours auxquels les obligent les vents et les courants, porte à bien près de 5,000 lieues le surplus de parcours qu'ils sont obligés de faire, faute d'un passage entre les deux Amériques.

Pour eux cependant, si ce passage est possible, le premier aspect de la configuration de ces deux continents indique que le chemin le plus court, et en même temps le plus favorisé par les courants des vents alizés, serait la ligne droite que trace le onzième parallèle nord, débouchant chaque côté en pleine mer, sans aucun détour obligé pour se diriger immédiatement dans n'importe quelle direction.

Quand on envisage la possibilité d'une communication si courte entre les deux grands Océans, et qu'on se propose d'en rechercher la solution, il est nécessaire pour se bien rendre compte de la grandeur de l'œuvre à créer, d'examiner tout d'abord quels sont les besoins auxquels elle doit pouvoir suffire, dès maintenant, et dans l'avenir surtout.

Depuis la découverte du Nouveau-Monde, cette création d'un canal interocéanique a toujours été de plus en plus ardemment cherchée, depuis surtout le commencement de ce siècle dont le génie créateur ne veut aucune limite à la satisfaction des besoins moraux et matériels des peuples.

Ces recherches jusqu'ici infructueuses et les difficultés insurmontées ne l'ont rendue que plus grandiose, et quelque rémunératrice qu'on la suppose elle ne remplirait cependant pas son but si elle n'était entreprise que pour les besoins du présent.

Des vastes contrées qu'elle doit relier plus intimement entr'elles et à l'ancien continent, beaucoup sont encore presque inconnues, et la dixième partie en est à peine peuplée. Cependant elles sont les plus riches du globe en productions de tout genre et des plus variées.

Il est difficile de prévoir jusqu'où, dans un avenir peu éloigné, iront les besoins de communication avec et entre tous ces pays que nous ont révélés les découvertes géographiques modernes, même en en jugeant par l'accroissement de population de certains d'entre eux, et les rapports obligés qui les relient entr'eux et à l'Ancien-Monde depuis moins de 25 ans.

Jusqu'ici, préoccupé avant tout de l'idée de trouver le moyen de passer entre les deux Amériques, nous n'avions pas dans plusieurs avant-projets calculé le nombre de navires qui devront traverser le grand isthme, surtout les jours de grande circulation.

Cette connaissance préalable est cependant indispensable pour se rendre bien compte des dimensions à donner à chaque partie du canal, afin que sans aucun retard il puisse satisfaire à tous les besoins de la navigation.

Or, voici le mouvement de transit qu'on peut prévoir dès à présent.

Importance qu'aura le transit entre les deux Océans.

A Suez, il passe par année environ 1,200 navires, d'une capacité réelle moyenne de 1,850 tonnes chacun. Un grand nombre est à vapeur, la tendance générale pour les communications avec l'Inde étant de plus en plus de se servir de cette force motrice aux dépens des navires à voiles qui ne trouvent point de ce côté sur les mers à traverser les facilités et les avantages économiques que procurent les vents alizés de l'Atlantique et de l'Océan Pacifique.

Sur ces deux Océans, ces vents, d'une régularité parfaite à certaines époques de l'année, maintiendront toujours la prépondérance aux navires à voiles, car avec eux pas de combustible coûtant énormément cher, et occupant inutilement aux dépens des marchandises à transporter la plus grande capacité du navire, sans procurer beaucoup plus de rapidité que ces vents providentiels.

Si avec la vapeur il y a avantage à augmenter la capacité du navire pour loger le combustible, il n'en est pas de même pour les navires à voiles qui ne peuvent s'allonger indéfiniment sans nuire à la facilité de manœuvre, et qui, pour ce motif, se maintiendront toujours dans une capacité moyenne d'environ 500 tonnes, entièrement utilisables.

Il en résulte que pour le transit d'un même tonnage un canal à travers le grand Isthme Américain doit être traversé par un bien plus grand nombre de navires que le canal de Suez.

D'un autre côté le canal Américain aura une bien plus grande importance commerciale que ce dernier.

Au point de vue de certaines contrées de l'Europe, celles entr'autres méditerranéennes, le canal de Suez a pu les rapprocher de plusieurs milliers de lieues des côtes de l'Asie méridionale, et il est entre ces contrées la voie la plus courte ; là se limite son action, assez grande d'ailleurs pour que sa création soit une des plus belles et des plus utiles de notre siècle. Celle du canal du grand Isthme Américain embrassera le monde entier. Il devra toujours en être la grande route commerciale pour les communications entr'eux de presque tous les peuples de la terre.

Qu'on prenne en effet où on voudra un point quelconque sur le globe pour se rendre à l'opposé sur la même longitude dans l'autre partie du monde (à son antipode), on trouve que le chemin le plus court est le passage entre les deux Amériques.

On peut sans présomption estimer que, pour le tonnage, le transit sera par le canal Américain plus de quatre fois aussi considérable qu'à Suez.

En 1873, à Suez, le transit a été de 1,173 navires, jaugeant ensemble 2,085,072 tonnes.

Mais que sont ces chiffres comparativement à ceux que devra atteindre forcément un canal maritime réunissant les deux grandes mers de notre globe, qui à elles seules le divisent en deux groupes continentaux distincts sans aucune communication par terre entre eux.

Voici un exemple pris sur les relevés officiels des différents états de la côte occidentale de l'Amérique dès 1855, c'est-à-dire il y a 20 ans, du passage des navires d'un Océan à l'autre, aller et retour :

San-Francisco et Californie, navires......	1,845 jaugeant	862,652 tonnes.
Honolulu (Iles Sandwich), navires........	500 —	227,000 —
Mexique, aucun renseignement..........	mémoire.	mémoire.
Amérique centrale, navires..............	882 —	519,813 —
Guayaquil et Menta (République de l'Equateur), navires.........................	350 —	50,000 —
Pérou, navires........................	2,000 —	800,000 —
Chili, 5,000 navires, mais les deux tiers environ forment double emploi comme navires venant du cap Horn ou y allant, et relâchant seulement dans les ports du Chili, par suite 1/3 seulement, soit environ	1,700 —	1,500,000 —
ToTAUX, navires..........	7,277 jaugeant	3,959,465 tonnes,

dès 1855, c'est-à-dire il y a 20 ans.

Dans ces chiffres ne figurent point les navires partant ou d'Europe ou des côtes orientales de l'Amérique à destination du Japon, de la Chine, de l'Australie, etc., ou en venant.

On peut donc sans exagération dire que, dès 1855, le mouvement des navires entre les deux grands Océans devait être déjà de près de 10,000 jaugeant environ 5,000,000 de tonnes.

Bien que le mouvement de navigation des Etats-Unis entre l'Atlantique et le Pacifique était en 1855 :

Pour ou de San-Francisco (Californie), 1,845 navires, ci	1,845
Et pour les autres ports du Pacifique, 1,856 navires, ci..........	1,856
Ensemble 3,701 navires, ci.............	3,701

Ces chiffres qui depuis n'ont fait qu'augmenter d'une manière très-considérable, permettent d'avancer dès maintenant, sans crainte d'exagérer, que le passage à travers le grand Isthme, lors de l'ouverture d'un canal, atteindra au moins de dix à douze mille navires, chiffre qui d'ailleurs ne doit pas paraître extraordinaire si on considère qu'il n'est que la douzième partie de l'effectif de toutes les marines du monde civilisé s'élevant en totalité à 130,000 navires.

Nous ne faisons point ces recherches pour montrer de quelle importance productive sera le canal, car la démonstration à ce point de vue serait surabondante, mais bien pour établir seulement à quels besoins il devra satisfaire.

Si le passage devait être régulier, ce qui ne peut être, car il sera très nombreux à certaines époques favorables pour utiliser les vents alizés, et presque nul à d'autres, 12,000 navires à écluser par an donneraient une moyenne par jour de $\frac{12,000}{365} = 33$ bâtiments environ. Mais il y aura des jours où il sera de plus de 200, et d'autres de quelques-uns seulement, dont la moitié montant et l'autre moitié descendant. Il arrivera cependant que les navires allant dans une même direction seront bien plus nombreux à certaines époques que ceux en venant; aussi pourra-t-il se faire que les navires suivant la même direction atteindront quelquefois le chiffre de 150 par jour.

Une seule écluse ne suffirait pas pour un passage aussi considérable; il en faudra donc deux, une pour monter et une pour descendre, les deux pouvant au besoin servir tout à la fois pour monter ou pour descendre, selon que le passage sera beaucoup plus considérable dans un sens que dans l'autre.

Le passage de 150 navires dans le même sens, en ne se servant que d'une voie, par un travail ininterrompu de jour et de nuit, nécessiterait tout au plus de 9 à 10 minutes pour chaque bâtiment par écluse.

D'un autre côté la tendance actuelle est d'accroître sans cesse les dimensions des bâtiments à vapeur, surtout en longueur et en tirant d'eau. En longueur on semble vouloir atteindre 150 mètres et en profondeur de 9 à 10 mètres.

Quant aux bâtiments à voiles, d'une longueur bien plus restreinte, il leur faudra la plupart du temps être remorqués surtout au passage des écluses. Le remorqueur et son remorqué à la suite devront pouvoir passer en même temps dans les écluses, et s'y étaler à leur aise comme en plein canal.

On verra que le système d'écluses décrit par la suite pourra suffire à tous ces besoins.

Ces données et ces calculs sont nécessaires avant tout pour se rendre compte des proportions énormes de grandeur d'écluses et de sections qu'exige un canal maritime dont l'exécution devra non-seulement satisfaire aux exigences du moment, mais demeurer une œuvre utile et suffisante pour les siècles à venir.

Conditions nécessaires à un canal maritime pour être une œuvre complète.

Les conditions actuelles d'un canal maritime qu'on pourrait considérer comme une œuvre complète, sont :

1° Qu'il soit assez large et assez profond pour permettre le croisement, sur tous les points de sa longueur, des plus gros navires en charge; la largeur doit donc être d'environ 50 mètres à la ligne de flottaison, et la profondeur de 9 à 10 mètres;

2° Qu'il permette aux navires de se rendre sans désemparer d'un Océan à l'autre à toute heure de la marée, et qu'il n'exige que très-peu de délai pour le passage d'écluses aussi peu nombreuses et aussi peu répétées que possible ;

3° Qu'il débouche par chacune de ces extrémités dans un port d'un accès et d'une sortie faciles, et qui offre un mouillage sûr en tout temps ;

4° Qu'il soit placé dans de telles conditions topographiques et hydrauliques qu'un bon approvisionnement d'eau soit toujours assuré.

On verra par la suite que le projet que nous proposons par le Nicaragua remplira parfaitement toutes ces conditions.

Et il nous sera permis de dire que les raisons données d'impossibilité pratique d'un canal avec écluses sont sans fondement, et qu'il est inutile de s'y arrêter.

Impossibilité d'un canal sans écluses.

Non-seulement la suite de ce travail démontrera amplement que c'est bien une erreur de prétendre qu'un canal maritime d'aussi grand passage que le sera le canal inter-océanique est, sous peine d'insuffisance, impossible avec des écluses ; mais nous allons même plus loin, et nous ajoutons qu'il n'est pas possible de canaliser le grand Isthme même en établissant un canal à niveau des deux Océans, au moyen de sommes et de temps presque incalculables, sans avoir recours à des écluses.

On parle depuis longtemps de différents projets à niveau et sans écluses par le Darien, auxquels, dans une lettre qu'il nous écrivait le 27 février 1874, en réponse à la communication que nous voulions lui faire de notre avant-projet, le représentant des Etats-Unis faisait allusion dans ces termes :

« J'ai l'honneur de vous informer que j'ai toutes raisons de croire que le gou-
» vernement des Etats-Unis a décidé définitivement en faveur de l'isthme du
» Darien pour le canal inter-océanique, et qu'il examine maintenant les trois
» routes qu'il a fait étudier. »

Ces projets, comme on le voit, étaient alors bien en faveur aux Etats-Unis, mais depuis on en a forcément reconnu la complète impossibilité. Il ne pouvait en être autrement, et cette déclaration ne nous a alors nullement détourné de nos travaux.

Si, en effet, par le Darien, on donnait les dimensions voulues au canal, il nécessiterait de quatre à six cent millions de mètres cubes de déblais sans pouvoir même se dispenser d'avoir des écluses, et voici pourquoi :

La marée dans l'Atlantique, au Darien, n'est que de $0^m 60$, tandis que du côté du Pacifique à **Panama**, et dans le golfe San–Michel plus particulièrement, elle atteint jusqu'à 9 mètres, d'où une différence de niveau alors énorme se présentant de six heures en six heures, et qui établirait dans le canal sur une partie de son parcours un courant alternatif de va-et-vient atteignant parfois près de 12 kilomètres à l'heure. La marée produirait ainsi dans le canal l'effet du mascaret à l'entrée de la Seine.

Ce double courant en sens inverse surprendrait les navires en plein canal, sans leur donner le temps d'en gagner l'extrémité, et les ferait rétrograder malgré eux, en leur faisant courir le danger de s'aborder entre eux dans un passage trop étroit pour leur laisser toute liberté de manœuvres.

Le seul moyen d'y mettre obstacle serait la création, du côté du Pacifique, d'écluses empêchant la marée d'entrer dans le canal.

Par suite de cette différence des marées entre les deux Océans aux isthmes de Panama et de Darien, il est impossible, abstraction faite du chiffre énorme de dépenses qu'il occasionnerait, d'établir un canal à niveau sans avoir rcours à une ou plusieurs écluses qui, faites dans les conditions ordinaires, ne pourraient suffire aux besoins de la navigation, ainsi que nous venons de le démontrer, par le grand nombre de navires à faire transiter.

Études qui ont servi à établir ce travail.

Les facilités que par le Nicaragua la nature semble offrir pour la canalisation au moyen du lac de Nicaragua et du fleuve San–Juan, ont, dès le principe et toujours plus que dans aucune autre partie du grand isthme, attiré plus particulièrement l'attention et les recherches des savants et des gouvernements.

Aussi, tandis que c'est à peine si par le Darien l'isthme a été complètement parcouru d'une mer à l'autre par les explorateurs, arrêtés qu'ils étaient dès leur départ par des obstacles de toutes sortes, de nombreuses recherches et les études les plus approfondies donnant les relevés très-complets et les plus exacts des lieux ont été faites à travers les états de Costa-Rica et de Nicaragua en suivant le fleuve San-Juan, route de transit, d'ailleurs la seule suivie avant la construction du chemin de fer de Panama.

Ces contrées furent donc dès la découverte de l'Amérique et de la domination espagnole spécialement explorées en vue d'un passage par un canal devant réunir les deux Océans.

Il est vrai que par la suite les successeurs de Charles-Quint et de Philippe II y mirent toutes sortes d'obstacles dans la crainte qu'une voie navigable ouverte dans l'isthme ne vint offrir aux autres nations l'accès de richesses dont l'Espagne avait seule le monopole. Mais dès leur émancipation et la proclamation de leur indépendance, les nouveaux états de l'Amérique centrale comprirent l'importance et les nombreux et grands avantages qu'ils retireraient de la création, au milieu d'eux, d'une grande voie navigable qui serait la route commerciale du monde entier.

Les hommes courageux qui venaient de faire de leur pays des états souverains, jaloux de sa grandeur future, encouragèrent et provoquèrent immédiatement de nouvelles études, et dès ce moment la possibilité d'un canal par le Nicaragua devint l'objet de l'attention et des efforts du monde commercial et politique comme du monde savant de tous les pays, et surtout des principales puissances maritimes.

Les premières études qui furent ainsi faites de ce côté eurent lieu par ordre de Guillaume Ier, roi des Pays-Bas, dès 1826, et se continuèrent jusqu'en 1830, mais furent alors malheureusement interrompues par les événements politiques qui survinrent dans ses états.

Puis vinrent les précieuses explorations des commodores Anglais Edward Barnett et Edward Belcher en 1837 ;

Le premier projet normal de John Baily en 1838 ;

Les savantes études de M. Michel Chevalier résumées dans un travail intitulé : l'*Isthme de Panama* (1848) ;

Le projet du prince Louis-Napoléon, depuis empereur (1846) basé sur les études faites spécialement sur les lieux par M. Lecomte d'abord, puis continuées par M. Squiers, ingénieur américain ;

Celui, réduit à petite section, dressé en 1852, par M. Orville Childs, ingénieur américain, qui fit avec le plus grand soin le nivellement de l'isthme, et dont les précieux travaux ont surtout servi à MM. Belly et Thomé de Gamond, pour dresser leur premier projet de 1858, par le col de Salinas, direction qui fut abandonnée par suite de l'élévation de ce col, trouvée bien plus grande qu'on ne le croyait, et que ne l'indiquaient les documents publiés par l'ingénieur danois Œrstedt et un voyageur français M. Myionnet-Dupuy ; puis le second de 1865, suivant exactement le tracé précité de M. Childs, par le seuil de Rivas, et se servant de ses cotes d'altitude, après toutefois une nouvelle vérification des lieux faite sous la conduite de M. Belly, par une mission de 42 personnes, composée de nombreux ingénieurs, géomètres et aides de toutes sortes.

Tous les documents, rassemblés par les devanciers de MM. Belly et Thomé, et ainsi complétés par eux, permirent de dresser un état précis des lieux et d'établir ce dernier projet de 1865, pas plus praticable que ceux qui l'avaient précédé, tant en raison du grand nombre de barrages à établir dans le San-Juan et des trop grands travaux de déblais et de remblais à faire sur tout le cours de ce fleuve et dans la traversée de l'isthme de Rivas, que du grand nombre d'écluses trop souvent répétées et trop dispersées sur tout le cours du fleuve et dans l'isthme, et qui n'auraient pu suffire au grand mouvement de la navigation par suite de la disposition adoptée d'une seule écluse à chaque barrage.

Ce sont tous ces travaux et documents qui nous permirent d'établir exactement le projet que nous avions conçu précédemment de la canalisation par le prolongement du lac jusqu'aux deux Océans.

Le projet actuel a donc été dressé avec les documents les plus complets et les plus exacts qui existent sur la question, et s'appuie sur un nivellement établi par plus de 650 cotes relevées à 10 centimètres près et ayant pour repère commun le niveau des basses mers du Pacifique.

Il est représenté sur une feuille ayant 4 mètres de longueur sur 1 mètre 20 de hauteur, et contenant :

1° La carte générale du tracé à l'échelle de $\frac{1}{80.000}$;

2° Le profil en long à l'échelle de $\frac{1}{80.000}$ pour la longueur et de $\frac{1}{2.000}$ seulement pour la hauteur afin de la rendre plus sensible ;

3° Le profil en long et la coupe en travers des cinq digues, barrages et déversoirs nécessaires pour la canalisation ;

4° Le plan et le profil en long, tous les deux à l'échelle de $\frac{1}{2.000}$ des doubles séries d'écluses qui seront employées ;

5° Le plan du port sur le Pacifique avec les profils et coupes des digues nécessaires pour l'établir ;

6° La carte du grand Isthme américain pour faire saisir immédiatement la position du canal ;

7° Et la légende donnant l'explication abrégée du système de canalisation.

Certes, aucun projet ne s'est appuyé sur des documents aussi complets et d'une aussi scrupuleuse exactitude.

Tracé et exposé sommaire du projet.

Comme celui de M. Childs, le tracé que nous suivons pour le canal part de Brito, traverse l'isthme de Rivas, près de la ville de ce nom, dans les vallées du rio Grande et du rio Lajas, puis franchit le lac de Nicaragua, descend la vallée du fleuve San-Juan, et vient aboutir dans l'Atlantique par la vieille branche du San-Juan qui verse ses eaux dans le port même de la ville de San-Juan del Norte (Greytown).

Quant au projet il consiste à prolonger, jusque le plus près possible des deux

Océans, le niveau des eaux du lac de Nicaragua, puis par un seul bief au-dessous chaque côté à se rapprocher encore davantage le plus près possible des deux mers, le tout à l'aide :

Du côté de l'Atlantique, de la *submersion en grand*, au moyen de deux barrages, de la vallée du San-Juan ;

Et du côté du Pacifique aussi de la *submersion en grand* de la vallée du rio Grande, au moyen d'une coupure à travers le seuil de Rivas, amenant les eaux du lac dans cette dernière vallée au niveau et en jonction de celles du rio Grande, et de deux barrages successifs de cette même vallée ;

Puis enfin, de finir de gagner la mer chaque côté à l'aide d'un chenal creusé à niveau des basses mers de chaque Océan.

Les différences de niveau résultant de chaque barrage seront franchies au moyen de doubles séries d'écluses en escalier, présentant une voie montante et une voie descendante, dont toutes les marches pourront être occupées en même temps, chacune par un navire, sans aucune attente ni arrêt pour les franchir.

Nous nous proposons d'atteindre ce résultat de la submersion en deux parties seulement de chacune des vallées du San-Juan et du rio Grande, savoir :

Du côté de l'Atlantique, par une première submersion de la vallée du San-Juan opérée à niveau des eaux du lac au moyen d'une première digue-barrage et déversoir en même temps, élevée au pied du mont San-Carlos, à environ moitié du cours du San-Juan, à l'extrémité d'une presqu'île que, sur la rive opposée, un contour du fleuve forme en cet endroit, à 97,520 mètres du lac, qui se trouvera ainsi prolongé d'autant de ce côté ;

Et par une seconde submersion inférieure, dont le plan d'eau sera 12 mètres plus bas, opérée au moyen d'une deuxième digue-barrage, mais insubmersible cette fois, dite du bec du Colorado, élevée à 53,060 mètres en aval de la première, à environ moitié de la distance qui sépare le bec du Colorado de celui du Juanillo ;

Et du côté du Pacifique,

Par une première submersion de la vallée du rio Grande, opérée également à niveau des eaux du lac, au moyen d'une première digue-barrage insubmersible, dite de Rivas, élevée à 17,200 mètres du lac qui se trouvera ainsi prolongé d'autant de ce côté ;

Et par une seconde submersion inférieure dont le plan d'eau sera 14^m 25 plus bas que le niveau du lac, opérée au moyen d'une deuxième digue-barrage, également insubmersible, élevée au pied du mont Venturon à 3,720 mètres de la première, et à 4,530 mètres de l'Océan Pacifique.

Mais avant de passer aux détails de l'œuvre, et pour en faciliter l'intelligence, nous allons exposer rapidement un état précis des lieux.

Description géographique et hydrographique.

Géographiquement, l'œuvre comprend trois principales sections :

1° Le point de partage du canal ;

2° La branche orientale ;

3° La branche occidentale.

§ 1er. — Le point de partage.

S'il est vrai que le choix du point de partage des eaux soit l'œuvre la plus délicate dans l'établissement d'un canal à plans d'eau multiples, constatons que dans le projet d'un canal par le Nicaragua, la pensée de l'ingénieur est débarrassée de toute préoccupation de cet ordre.

La présence au sommet du tracé d'un réservoir d'alimentation unique dans le monde par sa masse et son étendue, ne lui laisse qu'un seul parti, celui de subordonner la conception aux voies indiquées par cette puissante invite de la nature.

C'est d'ailleurs cette position exceptionnelle du lac de Nicaragua qui, dès le principe, nous a donné l'idée de notre projet.

Inutile de vouloir chercher à créer ailleurs ce que la nature a fait là beaucoup mieux que l'homme ne pouvait même le rêver ; aussi comprenons-nous d'autant moins la mission de cette commission américaine, envoyée tout dernièrement par le gouvernement des États-Unis à l'isthme de Panama pour y explorer le tracé d'un canal interocéanique entre Aspinwal et Panama à 90 mètres d'altitude, et rechercher les moyens d'y établir un vaste réservoir d'alimentation d'un futur canal, un tout petit diminutif bien certainement insuffisant du lac de Nicaragua, au sommet même de l'isthme, probablement parce qu'il est le plus étroit en cet endroit, et que le bassin d'alimentation n'en serait que plus restreint.

Le lac est donc le point de partage et l'inépuisable réservoir des eaux destinées à l'alimentation du canal des deux Océans.

C'est une mer intérieure longue de 160 kilomètres sur 60 de largeur, présentant une surface de six milliards de mètres.

40 rivières, dont plusieurs navigables, versent leurs eaux dans ce magnifique bassin d'eau douce.

Le lac de Nicaragua reçoit en outre le trop plein du lac supérieur de Managua par le rio Tipitapa, comme lui-même alimente le fleuve San-Juan qui descend dans l'Océan Atlantique.

Le niveau du lac de Nicaragua est au moment de l'étiage à 34 mètres au-dessus du niveau de l'Atlantique, basse mer, et à 36 mètres au-dessus du Pacifique, basse mer également, d'où il résulte une différence de niveau de 2 mètres entre les surfaces des deux Océans, dont les niveaux sont indépendants comme leur régime local en raison de la différence des courants et des vents qui agissent sur chacun d'eux.

Cette différence d'altitude diminue naturellement au moment des marées, qui sont de trois mètres pour le Pacifique et de 4 mètres pour l'Atlantique.

Le niveau du lac varie au cours de l'année entre deux limites extrèmes dont la différence n'excède pas deux mètres, et atteint son maximum à la fin de la saison des pluies.

Durant la saison sèche, l'évaporation de cette grande surface, et l'écoulement par le fleuve San-Juan n'étant pas compensés par un égal débit des affluents, son niveau s'abaisse de près de deux mètres au-dessous des plus grandes eaux ; mais au-dessous de cet étiage, la cuvette du lac présente une profondeur variable dépassant 10 mètres et atteignant sur la ligne du tracé qui nous intéresse des fonds de 20 mètres.

A l'exception de quelques points du littoral offrant des mouillages privilégiés, les accores du rivage sont en général très-plates et accessibles seulement pour les petites embarcations, ce qui nécessitera le creusement d'un chenal pour l'abaissement du plafond du lac à chacun de ses points de jonction avec les deux branches du canal.

§ 2ª — **Branche orientale.**

La branche orientale du canal de Nicaragua est le lit même du fleuve San-Juan.

Ce fleuve depuis sa sortie du lac à San-Carlos, jusqu'à son embouchure dans l'Atlantique, décrit deux courbes inverses ayant pour limite commune le mont et le fleuve San-Carlos, vers le milieu de son cours, et dont la longueur directe totale est de 136,800 mètres, mais dont les nombreuses sinuosités allongent le parcours jusqu'au développement effectif de 181,800 mètres.

Ces sinuosités forment parfois des courbes à un rayon minimun de 300 mètres, tel que près le mont San-Carlos, mais dont la moyenne est d'un rayon de 1,500 à 2,000 mètres.

Par suite du système que nous allons adopter de submersion de la vallée par la surélévation du plan d'eau en prolongeant le niveau du lac, toutes ces petites courbes disparaîtront, et la plupart du temps, aux endroits où elles existent, la navigation pourra même se faire en ligne droite. Elles se confoudroìt généralement en de grandes courbes, en sorte que la ligne à suivre par les navires raccourcira de plusieurs kilomètres le développement actuel de 181,800 mètres formant la ligne mediane du fleuve.

La différence de niveau des deux limites extrêmes étant, comme on l'a vu, de 34 mètres, l'inclinaison moyenne du cours naturel du fleuve San-Juan est un *cinq mille trois cent quarante-septième* du parcours, pente très-forte pour la navigation. Mais cette moyenne n'existe pas dans la nature. Le lit du fleuve est oblitéré dans sa région supérieure par des barres de roches affleurant parfois la surface des eaux. Ces barres modifient le courant qui se précipite en rapides successifs d'un difficile accès, tandis que dans la plus grande partie de son cours, l'eau du fleuve est presque dormante.

Rapides.

Ces rapides au nombre de cinq se trouvent accumulés sur un parcours de 33 kilomètres, à la fin du premier tiers du cours du fleuve, ce sont :

1° Le rapide du Toro, de 2,600 mètres de long, avec 0^m0007 d'inclinaison par mètre, ce qui donne une dénivellation de $1^m 82$, ci..................... 1 82

2° Le rapide de Castillo, d'une longueur de 800 mètres avec une inclinaison de 0^m0025 par mètre, ce qui donne une dénivellation de 2 mètres. 2 »

3° Le rapide de Mico, de 4,000 mètres de longueur, et d'une inclinaison de 0^m00025 par mètre, ce qui donne un mètre de différence de niveau 1 »

4° Le rapide de Balas, de 5,400 mètres de longueur avec 0^m0007 d'inclinaison par mètre, ce qui donne $3^m 78$ de différence de niveau, ci..... 3 78

5° Et enfin le rapide de la Machuca avec l'inclinaison maxima de 0^m003 sur une longueur de 700 mètres, ce qui donne une dénivellation de $2^m 10$ 2 10

Soit pour 13,500 mètres de rapides, un total de dénivellation de 10 mètres 70, ci .... 10^m 70

Nous avons vu que la différence d'altitude est de 34 mètres, ci...... 34^m »
Les rapides en absorbent 10 mètres 70, ci........................... 10 70

Il reste pour les 168,300 mètres de surplus de parcours, 23 mètres 30 de dénivellation, ci... 23^m 30

Ce qui donne une inclinaison moyenne par myriamètre de 1 mètre 38.

Dans tout système de canalisation appliqué jusqu'à ce jour, ces rapides seraient un obstacle insurmontable, comme d'ailleurs ils ont toujours été considérés. Dans notre projet ils nous sont complétement indifférents. Peu importe qu'ils existent quant à présent; ils seront noyés et disparaîtront en eau calme et presque dormante comme ailleurs par la surélévation du plan d'eau par suite du prolongement du lac. Leur seul inconvénient sera, d'ailleurs comme dans toute la tête du fleuve, de nécessiter des extractions là où il n'y aura pas la profondeur voulue de 9 mètres 50 ; encore les deux derniers, celui de la Machuca et celui de Balas, et une grande partie de celui de Mico, seront-ils au-dessous du niveau nécessaire au plafond du canal et par suite n'obligeront à aucun travail.

Relief de la contrée traversée par le fleuve San-Juan.

Pour la solution du problème que nous poursuivons, il faut se faire une idée aussi exacte que possible du relief de la contrée que traverse le rio San-Juan, du volume d'eau qu'il débite aux différentes époques de l'année et des diverses causes d'alimentation du fleuve.

Sous le point de vue du relief du sol on est tout étonné, au premier aspect de la carte du grand Isthme, en voyant la vaste nappe d'eau du lac de Nicaragua qu'elle n'ait pas tout d'abord cherché une issue vers celui des deux Océans dont elle se trouve le plus rapprochée, c'est-à-dire vers le Pacifique, à travers l'isthme de Rivas, d'autant plus que l'altitude de ce dernier, en suivant le tracé du canal, est relativement très-minime, et ne dépasse pas 16 mètres au-dessus du niveau d'étiage du lac, et atteint seulement 240 mètres à son sommet le plus élevé, le mont Venturon.

La chaîne des Andes ne devrait pas être l'obstacle à cette issue, car le système des grands pics volcaniques qui composent son axe ne suit pas l'isthme de Rivas. Il passe à côté, dans le lac même, et se révèle d'abord par le volcan de Montbacho, situé partie dans l'isthme, partie dans le lac qui baigne son pied, et que lui domine avec une élévation de 1,460 mètres ;

Ensuite par l'île et le mont Zapatera de 570 mètres d'altitude, et complètement dans le lac.

Puis par les îles Ometepo et Madeira, reliées entre elles par un petit isthme, recouvert par les eaux du lac, et composées, l'une du mont Madeira de 625 mètres d'élévation, et l'autre du mont Ometepe, ancien volcan, aujourd'hui éteint, de 1,656 mètres d'altitude ;

Pour de là reprendre la chaîne en terre ferme au sud du lac, au volcan l'Orosi, toujours fumant et de 1,560 mètres d'élévation.

Il n'y avait donc pour ainsi dire pas d'obstacles de ce côté, du moins les obstacles ne venaient pas de la véritable chaîne de la Cordillère, tandis que du côté de l'Atlantique tous les obstacles semblent accumulés.

La contrée à travers laquelle le fleuve San-Juan s'est ouvert une issue, est généralement très-élevée. Ce sont de hautes terres, tel qu'à gauche le plateau des Mosquitos variant d'altitude entre 700 et 900 mètres, et dont les contreforts viennent partout serrer le fleuve de très-près jusque dans son lit, avec des altitudes variant de 50 à 450 mètres au-dessus, tel que le mont Chorrera.

Quantité de ruisseaux et de petites rivières au nombre de soixante en descendent dans les gorges de ces contreforts à travers les forêts vierges qui couvrent la contrée. Ce sont la plupart de très-petits cours d'eau, d'une longueur de quelques kilomètres seulement; quelques-uns même ont à peine un kilomètre. Le plus grand, le rio Saballos del Norte, n'a guère que 12 kilomètres de longueur. Les montagnes qui donnent naissance à ces cours d'eau sont trop près du fleuve pour qu'ils aient un long cours.

Ce grand nombre de petits cours d'eau qui se transforment en autant de torrents pendant la saison des pluies, fournit toutefois au fleuve une grande quantité d'eau.

A droite, du côté de Costa-Rica, le plateau, sauf aux abords du lac, est également très-élevé et serre le fleuve d'aussi près par ses contreforts qui atteignent quelquefois 600 mètres d'altitude, tel que le mont San-Carlos.

Dans la région du lac, le plateau de Costa-Rica s'abaissant, repousse en partie ses eaux vers le lac lui-même par le rio Frio, rivière importante et navigable qui tombe près la naissance du San-Juan, autant dans le lac que dans le fleuve même.

Toutefois, sur certains points, le plateau est plus dégagé que de l'autre côté, et par les échancrures ainsi formées aboutissent certaines rivières importantes et même navigables, tels que le San-Carlos et le Serapiqui surtout, qui, a eux deux, ramassent en grande partie les eaux du plateau de Costa-Rica. Aussi les ruisseaux et les rivières affluents du fleuve de ce côté sont-ils bien moins nombreux que sur la rive gauche, mais généralement plus importants. On en compte seulement 21. Tous, sauf les trois que nous venons de citer, n'atteignent même pas 12 kilomètres de longueur. De même que de l'autre côté, les montagnes qui leur donnent naissance sont également trop rapprochées du fleuve pour qu'ils aient un long cours. Et, de ce côté aussi, à travers les forêts vierges qu'ils traversent, ils apportent également au fleuve une grande masse d'eau, surtout au moment de la saison des pluies.

On voit par là que la vallée du fleuve San-Juan à travers les contreforts des plateaux élevés de la Mosquitie et de Costa-Rica forme un long défilé, presque toujours très-étroit, variant généralement entre 600 et 2,000 mètres de largeur, rarement plus, et dont souvent les côtés sont presque à pic sur le fleuve, jusqu'au point où ce défilé, sinon s'élargit, mais du moins se divise en trois branches dont deux seulement sont suivies par les eaux du fleuve, lorsqu'elles sont basses, mais en quantité inégale, l'autre ne leur donnant passage qu'au moment des crues, pour arriver à la mer en formant un vaste delta, composé encore en partie de montagnes, dont l'une au milieu, le mont Rosalia, atteint jusqu'à 180 mètres d'altitude.

Le fleuve ne s'est pas ouvert un passage dans ce long et étroit défilé sans y rencontrer de nombreux obstacles qu'il a abaissés à la longue, en emportant la couche de sol qui recouvrait les roches qui les composent en partie. Mais celles-ci sont restées et forment aujourd'hui les rapides que nous avons décrits.

On doit en conclure que si, dans le principe, le lac de Nicaragua ne s'est pas ouvert une issue vers le Pacifique, pour l'écoulement de son trop plein, à travers l'isthme de Rivas, cela a tenu seulement à ce que la base de porphyre noir sur laquelle repose son sol s'est trouvée quelque peu plus élevée que les roches formant les barres des rapides du San-Juan, et qui sont là comme autant de traits-d'union des plateaux de Costa-Rica et de la Mosquitie.

La différence de niveau entre celles des roches les plus basses des deux isthmes est tout au plus d'une quinzaine de mètres. Les roches de l'isthme de Rivas abaissées de cette hauteur, il est très-probable que le lac se serait ouvert de ce côté une issue dans le Pacifique..

Ce que n'a pas complètement fait la nature, la main de l'homme doit le faire. Il est permis de dire toutefois qu'en disposant ainsi les deux isthmes, elle a fait une avance à l'homme pour la création du canal qui nous occupe.

Cette condition de la vallée du San-Juan de n'être pour ainsi dire qu'un long défilé nous offre une grande facilité de canalisation.

C'est au bec du Juanillo, à 29,600 mètres de l'Atlantique, que commence le delta du San-Juan.

Là, tandis que la branche principale continue en ligne droite vers l'Atlantique, une branche peu importante, ne donnant passage que lors des crues à une partie des eaux du fleuve, s'en sépare à gauche sous le nom de rio Juanillo, pour se diriger au nord-est, en longeant le plateau de la Mosquitie, vers le port de San-Juan del Norte (Greytown). Peu avant d'arriver à l'Atlantique à cette ville, cette petite branche se réunit de nouveau à la branche principale du fleuve qui aboutit en ce lieu.

Au moment de l'étiage, le seuil du lit du Juanillo est complètement à sec. Ce n'est qu'au moment des crues du fleuve qu'une petite partie des eaux passe par ce bras. Toutefois, cette quantité est suffisante pour le rendre alors navigable pour de petits bateaux. Il établit ainsi à partir de sa naissance une communication pour le fleuve ininterrompue jusqu'à la mer, à laquelle il n'arrive qu'après avoir rejoint le vieux bras du San-Juan, un peu avant que d'aboutir dans le port de San-Juan del Norte.

Au mois de novembre 1874, une reconnaissance de ce bras a été faite par M. le général Besnard, commandant du port de San-Juan del Norte, sur un petit bateau à vapeur de 0m50 de tirant d'eau environ, avec lequel il l'a parcouru en entier.

En raison de l'envasement du vieux bras du San-Juan, l'intention de M. le général Besnard était de se servir du bras du Juanillo pour aller du fleuve à San-Juan del Norte. Il pensait qu'au moyen d'une coupure faite un peu en amont du bec du Janillo, et d'une petite digue barrant en aval la moitié environ du lit du fleuve, il serait facile de faire passer continuellement par ce bras une assez grande partie des eaux pour le rendre navigable en tout temps jusqu'à San-Juan del Norte.

Le fond du lit du rio San-Juan, vis-à-vis la naissance du Juanillo, est à 4 mètres au-dessus du niveau des basses mers de l'Atlantique, ci............ 4m »

Lors de l'étiage, le sondage donne 4m75, ci..................... 4 75

Ensemble pour niveau d'étiage du fleuve au bec du Juanillo au-dessus des basses mers de l'Atlantique 8m75, ci................... 8 75

Les crues élèvent le niveau du fleuve d'environ................. 1 25

Ce qui porte alors la hauteur des eaux à 10 mètres environ au-dessus du niveau des basses mers de l'Atlantique, ci.............. 10 »

Il passe alors sur le seuil du lit du Juanillo environ 0m50 d'eau, ci.. 0 50

D'où il résulte que le seuil du lit du Juanillo se trouve à environ 9m50 d'altitude, ci... 9m 50

Cette disposition du bras du Juanillo est tout-à-fait providentielle pour la solution du problème que nous avons à résoudre.

Au moyen d'un barrage relativement peu élevé, il servira en effet de déchargeoir naturel vers la mer à l'excédant des eaux dont il y aura à se débarrasser.

Un peu plus bas que le bec du Juanillo, à 20,600 mètres de la mer, au bec du Colorado, le fleuve se divise en deux.

La branche qui a conservé son nom se dirige sur la gauche, et après avoir coulé quelque temps directement vers l'Atlantique, elle tourne presque subitement au nord pour gagner cet océan à la ville de San-Juan del Norte, où elle retrouve le bras du Juanillo un peu avant d'aboutir à la mer dans le port même de San-Juan.

Cette branche s'est depuis assez longtemps envasée par les dépôts d'alluvion et reçoit beaucoup moins d'eau qu'autrefois.

Quant à l'autre branche, sous le nom de rio Colorado, elle se dirige à la mer presque en ligne droite.

C'est elle qui reçoit la plus grande quantité d'eau.

A trois kilomètres en amont du bec du Colorado le plafond du lit du fleuve formant un exhaussement est encore six mètres plus élevé que le niveau des basses mers de l'Atlantique, mais quelques centaines de mètres seulement au-dessus de ce bec, il n'est plus que de deux mètres plus élevé que ce niveau ; et à partir de cet endroit, en suivant la branche du Colorado, il n'est plus surélevé par aucune saillie, et est pour ainsi dire toujours uni suivant une inclinaison presque parallèle à la surface des eaux, comme uniquement composé de dépôts d'alluvion jusque dans l'Océan, où une barre très-prononcée s'est formée avec les dépôts du fleuve refoulés par la mer.

Il en est de même pour la vieille branche du San-Juan, sauf qu'elle aboutit dans le port de San-Juan sans aucun obstacle, mais en ayant presque partout une profondeur insuffisante pour la navigation, en raison des vases qui l'obstruent.

Quant à la communication du port avec la mer, elle est en partie barrée à la pointe Castilla par les dépôts du fleuve refoulés par la mer.

Volume d'eau que débite le San-Juan et quantité nécessaire pour les éclusées.

En raison de l'encaissement de sa vallée, le fleuve San-Juan a une largeur non en rapport avec sa profondeur.

Au moment des plus basses eaux sa largeur varie entre 140 et 500 mètres, sa profondeur entre 2 et 12 mètres ; sur très-peu de points elle n'est que de 2 mètres, mais bien généralement de 4 à 5 mètres.

Voyons d'abord quelles sont ses causes d'alimentation.

Le bassin qui l'alimente est environ quatre fois la superficie du lac y compris celui-ci, c'est-à-dire d'une superficie de 24,000 kilomètres carrés.

La hauteur de pluie tombant sur cette surface est excessive et d'environ 2 mètres annuellement. Les pluies sont en effet très-abondantes pendant la saison pluvieuse qui dure de 3 à 4 mois, de juillet à novembre. Pendant le surplus de l'année il ne tombe généralement pas d'eau.

Cette hauteur de pluie équivaut à 48 milliards de mètres cubes. On peut évaluer qu'un tiers environ est évaporé, et que les deux autres tiers s'écoulent à la mer par le San-Juan.

L'évaporation ne se fait pas longtemps sur terre, car la contrée étant généralement très-accidentée, l'eau s'écoule rapidement vers le lit des rivières et aux lacs de Managua et de Nicaragua. C'est sur les lacs que l'évaporation se fait principalement, car elle y est continuelle.

Cette évaporation peut donc s'évaluer, tant sur terre que sur les lacs, à 16 milliards de mètres cubes, ce qui donne en moyenne 0 m. 66 de hauteur d'eau évaporée pour la superficie totale.

32 milliards de mètres cubes, versés à la mer par année, donnent un débit moyen de 1,000 mètres cubes par seconde.

Pendant la saison sèche le fleuve en débite progressivement moins. Toutefois, il faut observer que sous ce rapport l'écart entre la saison sèche et la saison pluvieuse est beaucoup moins grand pour le San-Juan que pour les autres fleuves de son importance.

Tandis que, en effet, pour la plupart, de grandes crues ont lieu pendant la saison des pluies, toutes les eaux y affluant à la fois, les lacs de Managua et de Nicaragua sont pour le San-Juan d'immenses réservoirs supérieurs dans lesquels les eaux s'accumulent, et d'où elles ne s'écoulent ensuite que lentement. Ainsi, dans le lac de Nicaragua elles atteignent à la fin de la saison des pluies 2 mètres au-dessus de l'étiage, pour ne baisser ensuite que successivement, et ne prendre qu'au bout d'un certain temps leur niveau normal.

Il en résulte que le débit du San-Juan varie peu dans ses extrêmes, car ce n'est que dans son cours, à partir de sa sortie du lac, qu'il rentre dans les conditions des autres fleuves; mais, comme nous l'avons vu, la superficie de cette partie de son bassin est assez restreinte. Toutefois, elle lui donne aussi au moment des pluies une grande quantité d'eau, sans produire cependant les résultats auxquels elle devrait naturellement donner lieu si le réservoir supérieur du Nicaragua n'existait pas. En effet, ces eaux, arrivant torrentiellement, produisent alors dans le lit supérieur du fleuve, un regonflement qui empêche les eaux du lac de s'écouler aussi vite que si ce reflux n'existait pas, et par suite, les grandes eaux supérieures sont ralenties dans leur marche, surtout dans la partie au-dessus des rapides où la dénivellation est encore à peine sensible.

Le maximum des crues du fleuve se trouve ainsi réglé par celui du lac de Nicaragua, et comme lui ne peut guère dépasser 2 mètres de hauteur.

Ces conséquences devront surtout se produire, lorsque, comme nous allons le voir par la suite, le fleuve sera barré dans sa partie inférieure, de manière à y amener le niveau du lac. Celui-ci devra alors emmagasiner une bien plus grande quantité d'eau que celle actuelle, puisqu'il s'y ajoutera toute celle des affluents du San-Juan au-dessus du barrage, sans que ce puisse avoir pour effet de faire monter sensiblement le niveau du lac, car son étendue se trouvera augmentée de toute la partie de la vallée du San-Juan en amont de la digue-barrage.

Nous venons de voir par la grandeur de son bassin, que le débit du fleuve à la mer peut être en moyenne de $1,000^{m3}$ par seconde. La section des eaux du fleuve sur différents points, dans quelques-unes des parties de son cours, va nous donner à peu près les mêmes résultats.

Au rapide de Balas, par exemple, dans un endroit où il est le moins incliné, la largeur du fleuve étant de 140 mètres, et la profondeur moyenne de $3^m 50$, lors de l'étiage, la section est de 490 mètres, avec une vitesse d'environ $1^m 50$ par seconde, ce qui donne un débit minimum de 735^{m3}.

A la fin de la saison des pluies, le plan d'eau est élevé d'environ $1^m 50$ en plus, c'est-à-dire porté à 5 mètres ; la largeur reste à peu près la même. La section est alors de 700 mètres. En admettant la même vitesse, on a alors un débit de 1,050 mètres cubes par seconde.

Ces chiffres donnent une moyenne de 840 mètres cubes environ, inférieure à celle de 1,000 mètres trouvée précédemment, ce qui se conçoit, puisque le mesurage est fait dans la partie supérieure du fleuve qui n'a pas encore reçu la plupart de ses affluents.

Beaucoup plus bas, un peu au-dessus du bec du Juanillo, par exemple, après que le fleuve a reçu tous ses principaux affluents, et coule avec une vitesse d'environ $0^m 80$ par seconde, on trouve que lors de l'étiage il a alors en largeur 350 mètres, et une profondeur moyenne d'environ 3 mètres, ce qui donne une section de 1,050 mètres et un débit par seconde de 840 mètres cubes.

A la fin de la saison des pluies, le plan d'eau dans cette partie du fleuve prend par suite de sa plus grande largeur une surélévation moins grande qu'au-dessus des rapides ; il ne gagne guère en élévation que 1 mètre 25, ce qui porte alors sa moyenne de profondeur à 4 mètres 25 circonscrite dans le même lit, et lui donne une section d'eau de $1,487^{m3} 50$ et un débit de $1,190^{m3}$ d'eau par seconde.

Comme on le voit, ces chiffres donnent à peu près la moyenne de débit de $1,000^{m3}$ d'eau à la mer par seconde, et la différence de l'écart entre les deux extrèmes, dans les conditions des deux mesurages, n'est guère que des 2/5 environ du débit à la fin de la saison sèche. Cet écart est très-peu de chose, et peu comparable à celui que subissent nos fleuves d'Europe dans leur débit, souvent décuplé et plus au moment des pluies ou des fontes de neiges, ce qui leur donne alors plutôt l'allure de torrents dévastateurs que l'aspect majestueux d'un grand fleuve.

Cette quantité d'eau versée à la mer par le San-Juan est très-considérable, et n'a de comparable que celle de nos deux plus grands fleuves de France, la Gironde, dont l'évacuation à la mer est en moyenne de $1{,}178^{m3}$ par seconde, et le Rhône dont le débit moyen est de $1{,}718^{m3}$.

Mais la régularité avec laquelle se fait le débit du San-Juan en fait un bien plus beau fleuve, et rentre parfaitement dans les conditions voulues pour l'exécution de notre projet.

En prévoyant dans un avenir prochain un passage annuel de 10,000 navires éclusés séparément, les 20,000 éclusées fournies par les deux côtés à raison de $37{,}536^{m3}$ d'eau qui seront nécessaires à chacune d'après les dimensions données aux écluses en longueur et largeur et en hauteur de chute dépenseraient annuellement 750,720,000 mètres cubes.

On aura une idée de l'immense réservoir d'alimentation si l'on considère que ce volume de liquide n'est pas même la quarante-deuxième partie de la masse d'eau que le fleuve San-Juan roule à la mer, et ne représente qu'un abaissement de 12 centimètres 1/2 par an à la surface totale du lac.

Pour mieux préparer l'intelligence à saisir ce projet en ce qui concerne la vallée du San-Juan, nous croyons devoir faire ici l'examen des différents modes de canalisation qui ont tour à tour été proposés.

Examen des différents modes de canalisation du San-Juan par les moyens ordinaires.

Tout d'abord, trois systèmes se présentent à l'examen de l'ingénieur pour la canalisation du fleuve San-Juan :

1° *L'amélioration pure et simple du régime naturel du fleuve*, par le dérasement des barres formant les rapides, et par des travaux de fouille dans le relief du plafond.

Ces travaux, quelque considérables qu'on les suppose, ne pourraient atteindre le but qu'on se propose : l'établissement d'un tirant d'eau constant de 9 à 10 mètres. Le fleuve resterait inaccessible aux navires d'un fort tonnage, et les difficultés de la remonte seraient accrues. Ces divers motifs ont donc toujours porté à écarter cette proposition.

2° *La canalisation par biefs de niveau*, comme sur la Seine, l'Oise et le Cher.

C'est la proposition élémentaire, introduite préalablement à tout examen sérieux. A part l'inconvénient grave de multiplier outre mesure les écluses, le régime naturel du fleuve San-Juan exclut l'adoption d'une canalisation dormante à biefs de niveau, laquelle ne pourrait s'établir qu'au moyen d'un canal latéral. Or, un canal latéral d'une telle section en raison des travaux d'art et des ponts-aqueducs nécessités par les nombreux affluents éléverait dans des proportions démesurées la dépense d'exécution.

Les nombreux affluents que le San-Juan reçoit dans son parcours, traversent des forêts vierges dont ils entraînent l'humus. Ces troubles sont accumulés en suspension dans le fleuve qui les porte à l'Océan. La nécessité d'y maintenir une canalisation à courant continu à raison *du grand volume d'eau à mettre et à émettre,* est imposée comme une condition naturelle inévitable, le lit du fleuve étant le thalweg de tout le système, l'artère d'émission vers la mer des affluents recueillis sur son parcours et des troubles abondants que le mouvement de leurs eaux tient en suspension.

Ce raisonnement est vrai appliqué à la canalisation en petit par un exhaussement du plan d'eau tel que le pourrait faire une retenue de 4 à 5 mètres de hauteur, maximum de chute à donner à une écluse, et par suite s'applique uniquement à une canalisation reposant sur de nombreuses écluses disséminées et échelonnées sur tout le cours du San-Juan, tel que le proposait d'abord M. Childs dans son projet de 1850, en se servant du cours du fleuve canalisé, sauf aux écluses qui se trouvaient établies dans des dérivations latérales, puis ensuite MM. Thomé et Belly, dans leur projet de 1865, différant seulement de celui de M. Childs en ce qu'ils établissaient les écluses dans le lit même du fleuve, dont ils relevaient un peu plus le plan d'eau seulement pour les biefs inférieurs au bief de partage, auquel ils ne changeaient rien, et qu'au lieu d'aboutir à la mer, au port même de San-Juan del Norte, par la vieille branche du San-Juan, ils gagnaient l'Atlantique par la branche du Colorado; mais cet inconvénient n'existe pas pour la canalisation par la submersion en grand telle que nous la démontrerons, faite avec des exhaussements du plan d'eau de 12 et 24 mètres, reposant sur des séries de 3 et 5 écluses rassemblées sur deux points seulement.

Peu importe, en effet, les dépôts des troubles en suspension; ils ne se feront même pas dans le lit large et profond donné au fleuve; leur accumulation ne pourra se faire que là où cessera le courant, c'est-à-dire en amont des confluents, dans les estuaires des affluents qui les auront apportés. Par suite du calme de leurs eaux, ces estuaires devront s'emplir complètement avant que les apports n'arrivent dans le val même du San-Juan, converti en un vaste détroit. Il vaut mieux que leur accumulation se fasse là de préférence plutôt que dans le chenal d'arrivée des écluses à la mer, ou aux bouches du fleuve où elles reformeraient continuellement les dépôts en obstruant l'entrée

Un exemple va suffisamment démontrer que ces apports ne pourront de long-temps arriver dans la vallée submergée du San-Juan.

Le Serapiqui est, de ses affluents, celui qui apporte au fleuve le plus de ma-tières limoneuses, de sable surtout. D'après les renseignements certains qui nous ont été fournis, le regond de ses eaux, par suite de la surélévation du plan d'eau, et comme conséquence le dépôt au fond, faute du courant nécessaire pour le transport plus loin des matières en suspension, se fera sentir à près de 40 kilo-mètres en amont de son confluent.

Cette rivière est assez resserrée entre côteaux et la moyenne de largeur de la partie de son val devant être submergée est d'environ 300 mètres, et atteindra une profondeur moyenne d'environ 5 mètres, d'où une section moyenne de 1,500$^{m\,s}$ qui multipliée par la longueur, 40,000 mètres, donne pour la partie de la vallée ainsi submergée, et en eau calme, 60,000,000 de mètres cubes qui auront à s'emplir presque complètement de dépôts avant qu'il en arrive dans le val submergé du fleuve San-Juan.

Or, le débit moyen du Serapiqui peut être évalué à 50$^{m\,s}$ par seconde, soit par an 1,576,000,000 mètres cubes.

Si on admet que la quantité de limon contenue dans un mètre cube de ses eaux est la même que celle contenue dans une même quantité des eaux du Rhône, les plus chargées qui existent, soit 0$^{m\,s}$000323, on trouve qu'il roule actuellement au San-Juan en sable et matières limoneuses 509,306$^{m\,s}$40, en sorte qu'il mettrait au moins cent ans pour emplir son estuaire, tout en laissant passage à ses eaux, avant que ses apports n'arrivent dans le val du San-Juan.

Au bout de ce temps, ces apports y viendraient faire des dépôts qui, en raison de la grandeur de ce vaste détroit, exigeraient plus de mille ans pour produire des effets nuisibles à la navigation.

Le premier moyen par l'amélioration pure et simple du régime naturel du fleuve, et le second, par la canalisation en petit par biefs de niveau, n'étant pas possibles, reste, des moyens connus, le dernier, qu'il fallait examiner pour savoir si on pourrait y avoir recours, c'est-à-dire :

3° *La canalisation à courant continu.*

Cette proposition devait être jugée digne d'un sérieux examen en ce qu'elle impliquerait l'adoption d'un système mixte auquel semble convier par dessus tout l'état des lieux.

Au point de vue d'une canalisation à grand tirant d'eau, le régime du fleuve San-Juan ne peut être maintenu suivant la pente naturelle de un *cinq millième*.

Nous venons de voir que le rachat intégral de cette inclinaison au moyen d'un système de chutes transmises par de petits biefs de niveau, n'est guère plus admissible en ce qu'il aurait pour résultat le prompt envahissement de ces petits biefs.

Mais en barrant pour ralentir seulement le cours du fleuve, sans l'interrompre, on ne ferait que généraliser par des conditions normales le régime naturel existant dans les rapides du bassin supérieur. En répartissant ces barrages avec mesure, selon l'état général des berges, sur le cours entier du fleuve, on en régulariserait le courant. L'adoption d'un tel système mixte permettrait peut-être d'obtenir le brassiage désiré par abaissement du plafond en même temps que par surélévation du plan d'eau au moyen d'endiguements latéraux dans l'aval des biefs.

Ne pouvait-on pas espérer qu'au moyen d'un certain nombre de barrages le courant du fleuve pourrait être régularisé selon l'inclinaison de un *vingt millième ?* Ce courant serait assez faible pour offrir peu de résistance au halage des navires et suffisant néanmoins pour maintenir ses troubles vaseux en suspension jusqu'à la mer.

Mais alors il y aurait à craindre le dépôt de ces troubles dans la mer à l'entrée du canal, et, par suite, son obstruction complète dans un temps assez rapproché, ainsi que le sont pour les Bouches-du-Rhône, du Nil, du Mississipi et d'autres les dépôts de ces fleuves.

De plus, le courant maintenu nuirait beaucoup à la remonte des navires.

Et, d'autre part, ce serait sur toute la ligne, et des deux côtés du fleuve, que la pioche et la pelle devraient travailler sur une longueur de 45 lieues pour endiguer, comme la Loire ne nous donne qu'une faible idée.

Il faudrait rechercher le tirant d'eau nécessaire, non pas seulement dans l'abaissement du plafond fluvial, par la drague et la mine, travaux faciles et non malsains, mais encore presque toujours dans la surélévation du plan d'eau au moyen de l'endiguement des basses berges; dernière opération impliquant un immense déplacement de main-d'œuvre, et nécessitant partout d'énormes terrassements opérés par de grandes accumulations d'hommes, dans de riches sols paludéens imprégnés à l'excès de matières organiques que les travaux convertiraient continuellement en boues pestilentielles.

La raison d'humanité démontre donc aussi l'impossibilité complète de ce dernier moyen.

Tous les projets ayant pour base l'un ou l'autre de ces systèmes ont donc, pour les causes sus-expliquées, toujours été reconnus impossibles, même par submersion partielle de la vallée du San-Juan, par barrage entier du val, étagée et répétée 9 ou 10 fois et échelonnée successivement selon la hauteur possible à donner à une écluse.

Une solution nouvelle était donc nécessaire pour résoudre les difficultés toutes spéciales à la canalisation du San-Juan, surtout avec les dimensions grandioses que comporte la navigation maritime, et avec un transit qui devra être sans égal; cette solution, la seule possible selon nous, s'appliquant d'ailleurs à la traversée entière de l'isthme, nous l'avons indiquée dans notre mémoire contenant notre avant-projet de 1874, c'est le *prolongement chaque côté du niveau du lac jusqu'auprès des deux Océans*, sauf à chercher les moyens de franchir en une ou plusieurs fois ses 36 mètres d'altitude au dessus des mers.

C'est la base du projet que nous allons maintenant développer.

Projet actuel de canalisation du San-Juan.

Nous avions d'abord pensé à n'avoir qu'un seul plan d'eau au-dessus du niveau de la mer, celui du lac de Nicaragua qui aurait été amené jusqu'au bec du Colorado par la submersion en une seule fois de toute la vallée du San-Juan, ce qui eut nécessité une digue de plus de 34 mètres d'élévation et de dimensions proportionnées colossales.

Mais par les conseils d'hommes les plus compétents qu'effrayait une digue de si grande élévation, nous avons, ainsi que nous le disons plus haut (page 15, *exposé sommaire du projet*), divisé en deux la submersion en grand de la vallée du San-Juan.

Une première submersion est opérée à niveau des eaux du lac au moyen d'une première digue-barrage et déversoir tout à la fois, élevée au pied du mont San-Carlos, à l'extrémité d'une presqu'île que, par un contour, le fleuve forme en cet endroit sur la rive opposée, à 97,520 mètres du lac qui se trouvera ainsi prolongé d'autant de ce côté.

La seconde submersion, inférieure à la première, et dont le plan d'eau sera 12 mètres plus bas, s'effectuera au moyen d'une deuxième digue-barrage, mais insubmersible cette fois, élevée à 53,060 mètres en aval de la première, à environ moitié de la distance qui sépare le bec du Colorado de celui du Juanillo, en un point où le plafond du lit du fleuve, se relevant par un exhaussement pour s'abaisser immédiatement un peu plus bas, est à 6 mètres au-dessus des basses mers de l'Atlantique.

Comme cette dernière digue sera insubmersible afin que les eaux du fleuve ne se précipitent pas dans le chenal au-dessous, le bras du Juanillo, à son seuil le plus élevé, sera également barré par une troisième digue-déversoir, tant à l'effet de maintenir au niveau voulu le plan d'eau de ce second bief, que de servir de déchargeoir à son trop plein vers la mer.

Nous n'avons pas lieu de regretter l'abandon de notre premier projet d'un seul barrage à chaque extrémité du canal, car le chiffre des déblais à opérer pour l'approfondissement n'en sera pas augmenté, mais bien au contraire assez sensiblement diminué, et qu'en outre, par suite des dimensions bien moins considérables qu'elles auront les cinq digues maintenant nécessaires pour tout le canal, au lieu de trois seulement primitivement, exigeront pour leur construction près des 3/5 de mètres cubes de maçonnerie en moins, sans qu'il soit besoin d'extraire exprès les matériaux nécessaires pour celles du San-Juan, comme dans le premier projet, puisqu'ils proviendront exclusivement des fouilles des écluses qui en fourniront beaucoup plus que la quantité nécessaire.

Digue-Déversoir du mont San-Carlos.

La digue, tout à la fois barrage et déversoir du mont San-Carlos, sera construite au pied de cette montagne, dominant la rive droite du fleuve, au-dessus du confluent du rio San-Carlos, en travers de la vallée, pour aboutir au sommet de la courbe très-prononcée que décrit le fleuve en cet endroit.

Par cette courbe, le San-Juan forme sur la rive gauche une presqu'île très-accentuée d'un kilomètre carré de superficie environ. Un contrefort du plateau de la Mosquitie, en s'avançant là comme pour rejoindre le mont San-Carlos, force brusquement le fleuve à décrire la courbe enveloppant ce promontoire de manière à en former une presqu'île dont l'isthme a tout au plus 650 mètres de largeur.

Une double série de trois écluses accotées, nécessaire pour franchir les douze mètres de dénivellation, et taillée en plein rocher, coupera cet isthme à l'endroit le plus favorable, à environ 950 mètres de l'extrémité de la presqu'île.

Avec les matériaux provenant des fouilles des écluses, on construira la digue qui s'en trouvera à environ un kilomètre, éloignement suffisant pour que le bruit de la chute d'eau ne présente aucun inconvénient.

Cette disposition des lieux est tout-à-fait exceptionnellement favorable. Il n'y avait pas à hésiter pour le choix de cet emplacement de la digue et des écluses.

Outre, en effet, les avantages précités, il présente encore celui d'une altitude du plafond du lit du fleuve, en face la presqu'île, suffisante pour que la digue n'ait pas une trop grande élévation, ni une trop grande longueur, tout en trouvant à son pied, pour amortir la chute, un matelas on ne peut plus convenable de 6^m 90 de hauteur d'eau, sans courant sensible par suite de la masse même de son volume, produit par la surélévation des eaux inférieures, et dispensant de contre-digue pour le former.

La longueur totale de la digue sera de 700 mètres, mais la partie en déversoir n'aura que 500 mètres.

Sa largeur à la surface du déversoir sera de 20 mètres comme celle des autres digues.

Sa base à la plus grande profondeur du fleuve aura 70 mètres de largeur.

Elle aura au déversoir une hauteur maxima de 17^m 90 au-dessus de la partie la plus basse du lit du fleuve, et sa partie émergée aura 3 mètres d'élévation de plus.

L'arête en aval du déversoir sera adoucie, de manière qu'il n'y ait pas projection de la lame, mais glissement non interrompu sur la muraille.

La digue aura ainsi une hauteur suffisante pour maintenir les eaux du lac au niveau de ses plus grandes crues, et pour que la lame passant sur le déversoir atteigne alors 1 mètre d'épaisseur, en sorte que si on lui suppose 4 mètres de vitesse, le déversoir pourra suffire à un passage extraordinaire d'eau de 2,000^{m3} par seconde, débit qu'il est peu présumable que le fleuve puisse atteindre ainsi que nous l'avons vu plus haut, page 24.

Avec ces proportions elle cubera 328,484^{m3}. Elle sera toute entière construite en maçonnerie pleine, avec pierres de toute venue noyées dans le mortier.

Les parements seuls seront en pierres de taille.

Le profil et la coupe en travers, joints au plan, en montrent toutes les dimensions.

Peut-être trouvera-t-on que ces dimensions pour une digue-déversoir sont exagérées. Nous ne le pensons pas, et on va voir pourquoi.

La chute d'eau est de 12 mètres ; nous allons démontrer qu'elle n'a rien d'anormal, et qu'il en existe déjà de plus considérables.

Exemples de barrages et de chutes d'eau semblables.

Pareilles chutes ont été établies au moyen de barrages bien moins forts, et pour des quantités d'eau qui, bien que minimes lors de l'étiage, sont encore plus considérables lors des grandes eaux.

Ainsi par exemple le barrage du Cheliff, en Algérie, près Orléansville, opère une retenue d'eau de 11^m 75 de hauteur en temps ordinaire qui atteint parfois une élévation de près de 15 mètres de chute au moment des grandes eaux, lorsque sur le déversoir la lame déversante s'élève à une épaisseur de 3 mètres comme on l'a vu dans la crue du 3 mars 1872 avant même que le travail ne fut achevé.

Le Cheliff, en effet, à son extrême étiage ne donne guère qu'un débit de 1,500 litres, tandis que lors de cette crue extraordinaire de 1872 son débit fut évalué à 1,500^{ms}, d'où un écart de 1 à 1,000.

Pour une hauteur de 11 mètres 75 de chute d'eau, le barrage du Cheliff n'a sur l'axe du couronnement qu'un développement de 85 mètres 25 entre les bajoyers d'encastrement, et à son pied qu'un développement de 58 mètres entre les perrés de rive.

A sa base il a une largeur de 11 mètres 83 et le couronnement de 2 mètres 50. Il forme un arc de 5 mètres 77 de flèche sur 84 mètres 20 de corde.

Avec ces dimensions, il présente en amont à la pression de l'eau une surface de section de 841^{m²} environ, contre laquelle en temps normal l'eau retenue opère une pression de près de 5,000,000 de kilogrammes.

Le cube de maçonnerie de la digue est de 6,024^{ms} 50 environ, et si on estime que le mètre cube des matériaux employés pèse 2,500 kilogrammes, on a pour poids total de la partie du barrage soumise à la pression de l'eau 15,061,250 kilogrammes, c'est-à-dire que le poids de la digue est trois fois égal à la poussée de l'eau.

Nous avons pensé que pour l'œuvre que nous voulons créer, cette proportion n'est pas suffisante, et que le poids de la digue doit être environ 10 fois supérieur à la pression de l'eau.

Au barrage du Cheliff on a suppléé à cette insuffisance en donnant au barrage la forme arquée de 5 mètres 77 de flèche, ce qui donne une grande force par suite de la résistance des bajoyers appuyés aux côteaux contre l'écartement de l'arc.

Au Nicaragua, la longueur des barrages ne permet pas d'avoir recours à ce moyen; c'est par le poids seul de leur masse que les barrages doivent trouver une résistance plus que suffisante contre la poussée de l'eau, et non par un moyen artificiel, auquel on ne peut avoir recours dans les conditions où nous nous trouvons.

La grande quantité de matériaux dont on dispose permet d'ailleurs de ne pas hésiter à ce sujet afin d'établir des ouvrages capables de toujours résister à la puissante poussée du fleuve, sans avoir jamais à craindre aucune dégradation.

Aussi établissons-nous toutes les digues d'un volume suffisant, avec la large base que comporte une inclinaison de leurs côtés de 35°, pour que leur poids soit environ dix fois égal à la pression de l'eau qu'ils auront à vaincre.

Dans ces conditions, elles offriront largement toutes les garanties de sécurité possible.

Rien ne doit être épargné pour cette partie capitale de l'œuvre, qu'on doit surtout avoir la prétention d'établir d'une manière indestructible pour que ces barrages résistent au temps comme ces vieux monuments de l'Egypte, toujours debout après 40 siècles, et qui le seront encore dans 40 autres, si la main de l'homme, dans un but plus fécond, ne défait pas pour barrer le Nil, ce qu'elle avait élevé pour satisfaire la vanité des Pharaons.

Ce serait certainement une mesquinerie bien déplacée que de lésiner sur quelques millions à ce sujet.

Nous trouvons aux Etats-Unis un autre exemple d'un barrage semblable : c'est celui du *Croton*.

Il est en maçonnerie et présente une longueur de 87 mètres, une hauteur de 12 mètres 20 au-dessus de l'étiage, et de 16 mètres 77 au maximum au-dessus du lit de la rivière, une épaisseur de 18 mètres 61 au niveau de l'étiage. Le noyau de la digue est formé par des crèches garnies d'enrochements, juxtaposées et superposées, avec un diaphragme intermédiaire en béton. Du côté d'amont, un remblai revêtu de pierres ; du côté d'aval, une maçonnerie de parement avec appareil de grande sujétion, une courbe convexe en haut se raccordant avec une courbe concave dans le bas (comme sur les canaux du Gange et de la Jumna), une inclinaison très roide en somme, qui précipitent les eaux du haut en bas.

Il y avait autrefois un petit barrage établi à 90 mètres à l'aval qui, par son renvoi, devait amortir la chute du premier, et un radier appareillé que représente le livre de M. Schramke ; ces deux ouvrages sont remplacés par un simple plancher de 18 mètres de longueur, succédant immédiatement à la doucine du parement maçonné. Ce plancher, porté par des pieux et recouvrant du béton, date de vingt et quelques années.

En 1854, dans une crue extraordinaire du Croton, l'eau s'est déversée par-dessus le barrage en une lame de 2 mètres 54 d'épaisseur.

On voit que, sauf l'élévation de 5 mètres au-dessus du lit de la rivière en plus que celui du Cheliff, les deux ouvrages ont à peu près la même forme et les mêmes dimensions.

Tous les deux sont exposés parfois à subir, d'une élévation de 12 à 15 mètres, le déversement et la chute d'une lame d'eau qui peut atteindre de **2** à **3** mètres d'épaisseur, masse énorme, tombant d'un bloc avec un poids qui, multiplié par la hauteur, est bien autrement plus considérable que celui que pourra avoir la lame des barrages du Nicaragua, dont par suite de son étal sur une grande longueur, l'épaisseur ne pourra même jamais atteindre 1 mètre, et dont la chute maxima ne sera que de 12 mètres.

Digue-barrage insubmersible du bec du Colorado.

La digue-barrage insubmersible du bec du Colorado sera construite à 53,060 mètres en aval de la première, à 4,000 mètres environ en amont du bec du Colorado et à 4,800 mètres plus bas que le bec du Juanillo.

En cet endroit de la vallée du San-Juan, le plafond du lit du fleuve qui d'abord était descendu à 2 mètres seulement au-dessus du niveau des basses mers de l'Atlantique, se relève par un exhaussement qui atteint 6 mètres au-dessus des basses mers de ce même Océan, pour ensuite s'abaisser immédiatement un peu plus bas à la même altitude de 2 mètres.

En outre, la vallée du fleuve comme partout au-dessus est toujours très resserrée chaque côté entre, d'une part, les montagnes encore très-élevées de Costa-Rica, et d'autre part les collines élevées du Delta.

Cet endroit tant à cause de l'exhaussement du lit du fleuve qui diminuera d'autant la hauteur à donner à la digue, que par l'encaissement de la vallée encore suffisamment resserrée, est donc exceptionnellement favorable pour y élever la digue-barrage insubmersible qui doit arrêter définitivement les eaux du San-Juan, et les empêcher de passer dans le chenal inférieur devant communiquer à niveau directement avec la mer.

En outre, au-dessus sur la rive gauche dans le Delta, vis-à-vis le bec du Colorado, le contrefort du mont Rosalia se relevant toujours vient serrer le fleuve de très-près, et, par suite, permettre de creuser facilement dans son flanc la double série de cinq écluses accotées, nécessaire pour franchir les 24 mètres de différence de niveau qui existera entre le bief intermédiaire et le chenal inférieur.

Les séries d'écluses ainsi assez éloignées de la digue n'aboutiront pas il est vrai directement sur son extrémité gauche, mais elles y seront reliées par un chenal supérieur de deux mille et quelques cents mètres de longueur, établi au niveau du bief, sur le flanc du coteau, au moyen d'un épaulement maintenant les eaux du côté du fleuve, et construit avec les déblais de découvrement des écluses.

Nous avions encore d'autant moins à hésiter pour le choix de cet emplacement de la digue qu'une foule d'autres raisons militent aussi en sa faveur : celles-ci entr'autres.

La placer plus bas sur l'une des deux branches, San-Juan ou rio Colorado, n'était pas possible. D'abord la disposition des lieux ne s'y prête guère, et en outre non-seulement lui nécessiterait une bien plus grande force qui occasionnerait une dépense plus considérable que celle des déblais qu'on pourrait économiser sur le moins de longueur du chenal à creuser jusqu'à la mer, mais encore aurait l'immense inconvénient d'exiger sur l'autre branche non canalisée, pour maintenir le niveau des eaux, une autre digue d'aussi grandes dimensions, sans dispenser d'une autre au rio Juanillo ainsi que nous allons le voir.

D'un autre côté, en cet endroit, le choix reste entier de creuser à la drague le chenal qui doit conduire à la mer soit par la branche du Colorado, soit par la branche principale dite du San-Juan (celle que nous proposons), pour aboutir à San-Juan del Norte, ville ayant un excellent port tout créé, de plus de 300 hectares de superficie, d'un tirant d'eau actuel de 7 à 9 mètres qui pourra, sur une assez grande partie être facilement abaissé et réglé à 9 mètres 50.

L'entrée à la pointe de Castilla en est, il est vrai, actuellement barrée par les dépôts d'alluvion du fleuve, mais il sera facile de l'ouvrir en enlevant ces dépôts à la drague sans avoir à craindre qu'ils se renouvellent, car les eaux du fleuve n'y arriveront plus désormais que claires et limpides sans aucun apport, puisqu'elles déposeront toutes les matières en suspension dans les estuaires des affluents de la vallée submergée du San-Juan.

Ce port est en outre précédé, en dehors de la pointe qui l'abrite, d'une bonne rade vaste et spacieuse, n'ayant pas moins de 9 à 18 mètres de profondeur et abritée contre les vents du Nord-Est, les seuls qui soufflent avec violence sur cette côte.

Quant aux eaux mortes des lagunes qui l'avoisinent, elles pourront être si on veut facilement converties en eaux vives, en y jetant les eaux du fleuve qui n'arriveront plus que claires et limpides par la branche du rio Juanillo.

M. Thomé de Gamond avait adopté la branche du Colorado parce qu'il lui fallait faire la submersion de la vallée jusqu'à la mer, et que les coteaux s'y prêtaient mieux que par le vieux bras du San-Juan. Par le Colorado il ne lui fallait que quelques digues latérales pour empêcher en certains endroits les eaux de lui échapper sur les côtés, tandis que par le vieux lit du San-Juan il eut eu à les mettre entre deux digues sur tout le parcours. Ces motifs n'existent pas pour nous, nous sommes libres dans le choix de l'une ou l'autre branche.

Dans la partie du parcours des écluses à la mer, un chenal doit être creusé à la drague, en lit de rivière, avec le tirant d'eau nécessaire au-dessous du niveau des basses mers.

Or, si du côté du Colorado le parcours semble être un peu moins long, il l'est peut-être plus par les travaux à faire à la mer pour déblayer et pour créer un port, que par le vieux San-Juan où on aboutit immédiatement dans un vaste et excellent port tout créé. Des deux côtés on part du même niveau pour aboutir à un même niveau avec une longueur qui, en réalité, est à peu près la même pour les travaux à faire d'approfondissement du chenal; il est donc probable que dans le parcours les difficultés ne doivent pas être plus grandes d'un côté que de l'autre, peut-être moins grandes par le vieux bras du San-Juan, parce qu'on a la certitude par les longs dépôts d'alluvions qui s'y sont faits que la drague n'y rencontrera pas de rochers. En tous cas, un bon port existe d'un côté et non de l'autre, où il faudrait absolument en créer un, aux dépens de sommes immenses, attendu qu'il y aurait à extraire spécialement la majeure partie des matériaux nécessaires à sa construction.

La digue-barrage insubmersible du bec du Colorado aura un développement de 1,600 mètres.

En raison de l'élévation déjà de 6 mètres du plafond du lit du fleuve au-dessus de l'Atlantique (basse mer), sa hauteur de retenue d'eau ne sera que de 18 mètres, bien que la différence de niveau qu'elle procurera soit au total de 24 mètres.

Avec 2 mètres de surface émergée, elle atteindra une élévation de 20 mètres au maximum au-dessus du lit de la rivière. Son sommet se trouvera ainsi à 26 mètres au-dessus du niveau de l'Atlantique.

Elle aura 20 mètres de large à sa surface, et 77 mètres à sa base extrême, ses côtés se trouvant sous une inclinaison de 35 degrés.

Avec ces dimensions elle devra cuber 767,110$^{m^3}$.

Elle sera entièrement construite en maçonnerie pleine avec pierres et blocs de toute venue, noyés dans le mortier, tels que la mine les produira, provenant des fouilles des écluses qui en fourniront beaucoup plus qu'il en faudra.

Les parements seuls seront en pierres de taille de grande dimension.

Par la hauteur donnée à cette digue, le niveau du bief intermédiaire sera de 24 mètres au-dessus de celui des basses mers de l'Atlantique, et ce niveau normal sera établi et maintenu par la digue-déversoir du Juanillo que nous allons maintenant examiner.

Digue-déversoir du Juanillo.

Nous avons vu que les eaux du fleuve ne seront point projetées dans le chenal inférieur, large de 50 mètres, conduisant à la mer par le vieux bras du San-Juan, dans le but d'éviter dans ce chenal les perturbations nuisibles à la navigation qu'y causerait, surtout lors du retrait de la marée, la violence du courant d'une masse d'eau aussi considérable.

Il n'y passera par suite que les eaux des éclusées formant une bien faible partie du volume d'eau que débite le San-Juan.

Mais alors un nouveau cours est nécessaire au fleuve pour aboutir à la mer. La vallée du Juanillo fournira ce passage que, si on ne le barrait au niveau convenable, pour y établir un déversoir, les eaux refoulées par le barrage du bec du Colorado suivraient naturellement sans atteindre la hauteur qu'on veut leur donner dans le bief intermédiaire.

Le bras du Juanillo devra donc avoir presqu'à sa naissance, à son seuil le plus élevé, une digue-déversoir du haut de laquelle se précipitera dans ce bras vers la mer le trop-plein du bief intermédiaire formé de la deuxième portion de la submersion de la vallée du San-Juan, trop-plein qui donnera un débit moyen guère inférieur à 1,000^{ms} par seconde, les éclusées, ainsi que nous le démontrerons par la suite, ne devant pas absorber plus de *un* quarante-deuxième du débit entier du fleuve.

Le lit du Juanillo a été placé là comme exprès par la nature, pour que dans ces nouvelles conditions du régime du lac et du fleuve il puisse leur servir de vaste déchargeoir à la mer.

Le plan ne pouvait pas en être mieux conçu : il présente tout à la fois une direction indépendante de celle du canal, partant d'un point suffisamment éloigné pour que le bruit de la chute de l'eau n'ait aucun inconvénient, et une altitude du plafond de son lit suffisante pour que le barrage-déversoir et sa chute n'aient qu'une hauteur relativement minime, tout en ayant ensuite une pente convenable pour évacuer rapidement ces nouvelles et abondantes eaux vers la mer, où il aboutit par la branche même du vieux bras du San-Juan un peu avant son entrée dans le port de San-Juan del Norte.

Par suite de cette heureuse disposition des lieux, le barrage-déversoir qui sera élevé en travers de sa vallée à 800 mètres environ en aval du bec n'aura que 550 mètres de long, dont 500 mètres seulement en déversoir.

En raison de l'élévation du plafond du lit du Juanillo, atteignant déjà 9^{m}50 au-dessus de l'Atlantique, sa hauteur de retenue d'eau ne sera que de 13^{m}50, ce qui portera le seuil du déversoir à 23 mètres d'altitude au-dessus des basses mers de cet Océan, en sorte qu'avec un mètre laissé pour épaisseur à la lame, la surface de l'eau dans le bief intermédiaire devra atteindre 24 mètres d'altitude.

Le déversoir aura 20 mètres de large à la surface, et 58 mètres à sa base extrême, ses côtés se trouvant sous une inclinaison de 35 degrés.

Sa partie émergée aura 3 mètres d'élévation de plus.

L'arête aval du déversoir sera adoucie de manière qu'il n'y ait pas projection de la lame, mais bien glissement non interrompu sur la muraille..

Ces dimensions du déversoir, sauf la hauteur, sont les mêmes que celles de celui du mont San-Carlos.

Avec les proportions indiquées, la digue devra cuber 120,618^{ms} 75.

Elle sera construite en maçonnerie pleine avec des pierres de toute venue provenant des fouilles des écluses du bec du Colorado, éloignées de 7 kilomètres environ. Les parements seront en pierres de taille.

Un petit barrage servant de contre-digue sera élevé sur un mètre de hauteur, à 30 mètres en aval, pour amortir la chute du premier et arrêter l'impulsion de l'eau.

Conséquences de ces Barrages.

Voyons maintenant quelles vont être, pour la branche orientale, les conséquences des barrages ainsi effectués.

L'onde surélevée du fleuve sort de son lit, recouvre ses rives, s'étale au-dessus des baissières de la vallée qu'elle submerge entièrement, et va se créer au pied des collines de chaque versant et dans les ouvertures des affluents les nouveaux rivages dont la disposition générale est indiquée au plan.

Elle remplit ainsi ce long défilé que forme la vallée du San-Juan, d'abord à un premier niveau des grandes eaux du lac de Nicaragua, c'est-à-dire de 36 mètres au-dessus de l'Océan Atlantique, sur un parcours de 97,520 mètres, s'étendant du lac au barrage du mont San-Carlos; ensuite à un second niveau de 24 mètres au-dessus des basses mers de l'Atlantique sur un parcours de 53,060 mètres s'étendant de ce premier barrage à celui et aux écluses du bec du Colorado.

Sous cette double submersion, le fleuve disparaît lui-même avec ses rives, ses maigres et ses rapides, comme le Rhône disparaît dans le lac de Genève, comme le Rhin disparaît dans le lac de Constance.

Les vitesses sont partout supprimées, et les rapides qui, aujourd'hui, embarrassent et obstruent le cours supérieur du fleuve, sont complètement noyés et submergés et disparaissent en eau calme comme ailleurs.

La suppression complète des vitesses met fin au transport désordonné des matériaux de toute nature, arbres, galets, sables et limons que, dans son régime actuel, le fleuve charrie à la mer. Ces matériaux apportés par les affluents du San-Juan se déposeront là où cessera le courant, dans les vastes estuaires étalés à l'amont des confluents, et ne pénétreront plus dans l'onde calme et limpide de ce vaste détroit remplaçant la vallée du San-Juan.

Les barres de sable formées actuellement dans la mer aux bouches du fleuve disparaîtront désormais faute d'aliment.

Cette solution du problème, *par la submersion* en grand des rives du San-Juan, n'est autre chose que l'extension jusqu'à l'Atlantique du régime naturel des grands lacs du Nicaragua.

Elargie à cette ampleur, la nouvelle voie navigable n'est plus un canal : elle prend les proportions d'un détroit; c'est en petit le détroit de Magellan; mais c'est en grand celui des Dardanelles, ayant en outre sur celui-ci l'avantage de ne présenter aucun courant appréciable contraire à la navigation.

Ces deux vastes biefs, véritables détroits d'eau douce, remplaçant le fleuve sur une longueur de 150,580 mètres varieront entre 600, 2,000 et même parfois 3,000 mètres de largeur, et, sans avoir nulle part moins de 9^{m}50 de tirant d'eau, atteindront sans aucun travail sur les trois quarts du parcours des profondeurs variant entre 10, 12, 15, 20 et même 23 mètres, où les plus grands navires trouveront ainsi des eaux profondes et tranquilles pour marcher à toute vitesse avec plusieurs mètres d'eau sous la quille.

Les courbes prononcées que parfois forme actuellement le lit du fleuve par ses nombreux circuits, disparaîtront en grande partie, et ne formeront plus que des courbes à grand rayon, ayant la profondeur d'eau voulue, et n'entravant point la rapidité ni la liberté de la navigation, dont la ligne de parcours se trouvera notablement plus courte que celle actuelle du fleuve.

Les travaux d'approfondissement à faire ne seront nécessaires que sur 41,890^m dont 36,250 mètres dans la partie supérieure du San-Juan et 5,640 mètres immédiatement au-dessous du barrage du mont San-Carlos. On verra plus loin quel chiffre de déblais relativement minime ils comprendront.

Ces travaux d'approfondissement ne seront guère à faire que dans la partie supérieure qui précède les rapides et aussi au droit de quelques-uns d'entre eux.

Dans la partie supérieure et au-dessous du mont San-Carlos, ils seront presque en totalité dans des vases d'alluvion, et pourront être facilement faits à la drague, sauf sur quelques points et aux rapides où ils devront être faits dans la roche à la mine. Nulle part ils n'offrent de très-grandes difficultés.

Le profil au bas du plan en donne le relief.

Nous venons de dire que sur les trois quarts du parcours de cette branche du canal, il n'y aura aucun travail à faire. C'est une erreur. Le fleuve San-Juan, ainsi que ses affluents, traverse dans tout son parcours des contrées inhabitées, propriété des Etats, et que recouvrent de vastes forêts vierges qui s'étendent sur les montagnes environnantes et au loin chaque côté; ses berges sont chargées d'arbres des plus belles essences, parmi lesquelles le bois de fer, l'acajou, l'ébénier et une foule d'autres espèces des plus dures et aussi des plus légères, et du plus fort échantillon en diamètre et en longueur comme bois de charpente. Un

6

exemple suffira pour saisir l'importance du volume de ces arbres. Avant que, par suite du transit forcé occasionné par le passage de nombreux émigrants se rendant en Californie, à la recherche de l'or, la navigation à vapeur n'eût été introduite sur le San-Juan (sauf aux rapides toutefois, qu'on franchissait par terre), on ne se servait sur le fleuve que de pirogues dont plusieurs jaugeaient jusqu'à 40 tonnes ; or ces pirogues étaient faites d'un seul tronc d'arbre, la plupart du temps creusé au feu.

Il y aura à débarrasser de ces arbres la partie submergée afin que par leur élévation hors de l'eau ils ne gênent pas la navigation. On voit que par suite de leur volume ce ne sera pas un petit travail. Mais aussi quelles ressources n'offriront-ils pas et comme bois de charpente pour les travaux à faire, et comme combustible pour la cuisson de la chaux et pour le chauffage des machines, employés soit directement comme bois, soit après leur carbonisation. Ce sera là une large rémunération indirecte des frais d'abattage qu'ils occasionneront.

Ils sont actuellement sans débouché et par suite sans valeur. Lors de l'exploitation du canal, leur excédant, non employé, acquerra alors pour l'exportation une valeur directe qui rémunèrera bien au-delà des frais qu'ils auront occasionnés.

Dans un tableau spécial nous donnerons le détail des travaux de déblais à faire sur cette branche pour la canalisation de la vallée du San-Juan, ainsi que ceux en aval du barrage du bec du Colorado pour l'approfondissement du chenal conduisant à la mer.

Les écluses seront décrites à part.

Motifs qui ont guidé dans le choix du système de canalisation adopté pour le San-Juan.

Tout ce qui précède semble démontrer clairement que les motifs qui nous ont déterminé dans le choix de ce système de canalisation du San-Juan sont irrécusables. Ils se résument ainsi :

On évite la nécessité d'un canal latéral ou en lit de rivière ;

Plus de rapides ;

Création d'un véritable bras de mer, sans courant, où la navigation se fait avec les mêmes facilités qu'en pleine mer ;

Approvisionnement d'eau pour l'alimentation du système à nul autre pareil au monde (nous allons le démontrer encore plus amplement tout à l'heure, en recherchant quel temps sera nécessaire à la vallée du San-Juan pour s'emplir aux niveaux voulus) ;

Passage par les navires, quelqu'en puisse être le nombre à faire transiter, des deux seules dénivellations existantes sans perte de temps, presque sans arrêt (la description des séries d'écluses le prouvera);

Peu d'importance relative des travaux à faire, leur peu de longueur, leur localisation sur quelques points seulement;

Et par dessus tout la question de salubrité de ces travaux, problème bien des fois plus difficile à résoudre pour la réussite d'un canal à travers le grand isthme américain, que l'obstacle présenté par le passage des rapides, et sur lequel nous croyons utile de donner les explications suivantes:

Salubrité des Travaux.

Dans les grands travaux de ce genre, une des conditions premières de réussite, dont il faut surtout tenir compte, est la question de salubrité des travaux sous un climat torride.

Quelle que soit, en effet, la salubrité du Nicaragua, il ne faut pas oublier qu'on ne peut impunément remuer et entasser hors de l'eau, sous pareille latitude, les grandes quantités de sol d'alluvion et de vase que nécessiterait, par une suite non interrompue d'écluses, la canalisation en partie latérale, en partie dans le lit d'un fleuve tel que le San-Juan, sur une longueur de près de quarante-cinq lieues.

On n'a pas ici, comme sur le sol plus homogène et plus docile de l'Egypte, la faculté de suppléer à la main-d'œuvre par les engins mécaniques.

La vallée du San-Juan, coupée par une multitude d'affluents et accidentée dans son relief par des contreforts de roches résistantes qui séparent ces cours d'eau, ne se prête pas à l'emploi avantageux de machines exigeant pour un fonctionnement régulier certaines conditions d'uniformité dans la masse attaquée.

On est donc réduit au travail de main d'homme.

Or, on connaît l'effet mortel de terrassements opérés par de grandes accumulations d'hommes sous de telles latitudes, dans de riches sols paludéens imprégnés à l'excès de matières organiques.

Il est incontestable que dans de telles circonstances, la pioche ne travaillerait pas moins à creuser la fosse des ouvriers qu'à ouvrir le lit du canal. Elle y en enfouirait des centaines de mille sans en voir l'achèvement.

On peut se faire une idée de ce lamentable spectacle quand on songe à la construction du chemin de fer de Panama, simple travail de superficie, d'une faible étendue, et qui, cependant, a dévoré tant de milliers d'hommes! (quinze mille, dit-on).

Et ceci s'applique à n'importe quelle partie du grand isthme américain où on voudrait faire passer un canal, car nulle part le pays est aussi sain que dans la région des lacs.

Dans le système complet de canalisation que nous présentons, rien de semblable n'est à redouter : tous les travaux sont concentrés sur quelques points.

La construction des barrages est à chaux vive, dont la grande quantité employée offre les meilleures conditions d'hygiène possibles.

Les extractions se feront dans la roche sèche où la mine et les instruments mécaniques rempliront le principal rôle, ou bien en sol d'alluvion, mais alors au fond du lit du San-Juan et dans le lac, à la drague seulement, sous de grandes quantités d'eaux vives, et les produits en seront immédiatement rejetés à l'eau.

C'est dire que les travaux seront toujours dans les meilleures conditions de salubrité qu'il n'est pas possible de trouver ailleurs, complètement indispensables, et que ce projet réunit seul pour l'exécution d'une œuvre si grandiose.

Temps que la vallée du San-Juan mettra à s'emplir d'eau jusqu'aux niveaux permanents que lui donneront les barrages.

Pour la solution du problème que nous cherchons, il est non-seulement utile, mais même indispensable, de se rendre compte aussi exactement que possible du temps que mettra le fleuve San-Juan à emplir la vallée pour amener l'eau au niveau permanent que devront lui donner le barrage d'abord du mont San-Carlos c'est-à-dire à 36 mètres au-dessus du niveau des basses mers de l'Atlantique, puis ensuite ceux du bec du Colorado et du Juanillo, soit à 24 mètres au-dessus de l'Atlantique.

La longueur de la première partie de la vallée à submerger est de 97,520 mètres. La surface de section d'eau au barrage du mont San-Carlos sera de 9,296^{m²} environ, mais c'est la partie la plus étroite de toute la vallée du fleuve (pas même 700 mètres), et en outre la moins profonde au-dessous des rapides, la section partout ailleurs est presque toujours plus du double, il n'y a donc pas exagération à prendre 20,000^{m²} environ comme moyenne de section d'eau transversale de toute la vallée, lorsqu'elle aura atteint le niveau que doit lui donner ce barrage.

Cette section de 20,000 mètres carrés donne pour 97,520 mètres de longueur 1,950,400,000^{m³}, ci.. 1,950,400,000^{m³}

La longueur de la deuxième partie de la vallée est de 53,000 mètres. La moyenne de section de cette partie, par suite de l'abaissement du plan d'eau, doit être à peu près la même que pour la première, soit 20,000^{m²}, ce qui, pour 53,000 mètres de longueur donne.. 1,060,000,000^{m³}

D'où un total de 3,010,400,000 mètres cubes d'eau nécessaires   3,010,400,000^{m³}

pour emplir la vallée du San-Juan aux niveaux précités des deux biefs, c'est-à-dire près de la dixième partie de ce que le fleuve San-Juan roule annuellement à la mer.

Nous avons vu en effet que son débit moyen est d'environ $1,000^{m3}$ par seconde, soit 32 milliards par an. Ce débit du fleuve (il est même inférieur pendant la saison sèche), nécessitera près de 35 jours pour opérer les deux submersions de la vallée.

Et notons qu'au moment des basses eaux du lac, le fleuve ne pourrait pas amener l'eau au niveau voulu en amont de la digue du mont San-Carlos, parce qu'après lui avoir fait atteindre le niveau d'étiage du lac il aurait en outre à remplir ce dernier de 2 mètres au-dessus, ce à quoi il ne pourrait suffire, attendu que l'évaporation absorberait alors bien plus que les affluents supérieurs ne lui donneraient pour fournir à cette évaporation et subvenir en même temps à cette augmentation de volume de la masse entière de ce vaste bassin.. Cette probabilité se vérifie par des chiffres de la manière suivante :

L'évaporation sur le lac peut être pendant 9 mois ou 275 jours de saison sèche, à raison de $0^{m}009$ d'épaisseur par jour, de $14,400,000,000^{m3}$, ci. $14,400,000,000^{m3}$

L'élévation de 2 mètres du niveau du lac et de la première partie de la vallée submergée exigerait environ $12,300,000,000^{m3}$, ci.. $12,300,000,000^{m3}$

Soit, au total, 26,700,000,000 de mètres cubes d'eau qu'il faudrait, ci... $26,700,000,000^{m3}$

Mais pendant ce temps tous les affluents existant au-dessus du barrage, et devant fournir seuls à cette alimentation, ne pourraient guère donner, ainsi que nous l'avons vu au mesurage du rapide de Balas, pendant la saison sèche, alors que le débit du fleuve qui n'a pas reçu tous ses affluents ne dépasse pas 735^{m3} par seconde, que.. $17,463,600,000^{m3}$

Chiffre, comme on le voit, inférieur à celui nécessaire de .... $9,236,400,000^{m3}$

D'où, par suite, l'emplissage ne pourrait avoir lieu pendant la saison sèche seule.

Ce n'est donc que lors de la saison des pluies que cet excédant de niveau pourra être atteint, parce qu'alors le lac prendra la croissance qui lui est ordinaire à cette époque, sans que son augmentation de surface d'un 48me environ y mette aucun empêchement, et même plus rapidement qu'avant puisque le nombre et l'importance de ses affluents seront augmentés dans une proportion plus grande que ne le sera sa surface. Mais une fois ce niveau atteint il ne devra guère et même pas baisser du tout au-dessous, et l'alimentation fournie par tous les affluents sera suffisante pour l'y maintenir à l'aide des barrages-déversoirs, eu sorte que le tirant d'eau pourra toujours être de 9 mètres 50 environ.

On voit ainsi quelle énorme masse d'eau il faut pour emplir un si grand bassin. Il faut tout à la fois dominer l'évaporation et faire le plein.

§ 3ᵉ. — **Branche occidentale. — Canal de Rivas.**

Toutes les explications que nous venons de donner pour la canalisation de la vallée du San-Juan vont beaucoup faciliter l'intelligence du projet de canalisation de l'isthme de Rivas.

En effet, de même que pour le fleuve San-Juan, mais bien moins en grand cette fois, nous allons adopter, pour aboutir du lac au Pacifique, le système de la canalisation par la double submersion de la vallée du rio Grande, petite rivière qui se jette dans cet Océan au port Brito, et que de l'autre côté nous mettrons en communication avec le lac de Nicaragua au moyen d'une tranchée à travers le seuil qui les sépare.

Faisons d'abord la topographie de l'isthme de Rivas et voyons son relief :

Topographie et relief de l'isthme de Rivas,

Cet isthme comprend la langue de terre qui sépare le lac de Nicaragua du Pacifique. Il s'étend dans la direction du Nord-Ouest au Sud-Est, du volcan Montbacho au volcan l'Orosi, sur une longueur de cent et quelques kilomètres. Sa largeur varie entre 45 kilomètres, celle maxima, et celle minima de 13 kilomètres, 300ᵐ seulement formant la distance à vol d'oiseau qui sépare le fond de la baie de San-Juan del Sur sur le Pacifique, de la petite ville de la Virgen sur le lac.

Comme nous l'avons dit plus haut, la véritable Cordillère des Andes, contrairement à ce qu'on a longtemps cru, ne passe pas dans cet isthme. Sans s'interrompre, mais en ne se révélant toutefois que par ses pics, son axe de ligne quitte l'isthme au mont Montbacho, pour passer dans le lac lui-même, en décrivant une grande courbe, à peu près parallèle à l'isthme, puis reformer la continuité de sa chaîne en terre ferme au mont l'Orosi.

Toutefois, l'isthme sur sa surface de 3,000 kilomètres carrés environ, est généralement très mouvementé, et parcouru dans toute sa longueur par une chaîne de plateaux assez élevés, rapprochés surtout du Pacifique, et que, faute d'examen attentif, on a longtemps considéré à tort comme la véritable Cordillère.

Cette petite chaîne dessine assez nettement les deux bassins du lac et du Pacifique dans lesquels toutes les eaux descendent de chaque côté, en faisant parfois de nombreux circuits. Une moitié environ, celle au Nord, se compose d'un long et assez large plateau, bordant le Pacifique, et d'une altitude moyenne, ne présentant aucune interruption ; l'autre au contraire, celle au Sud, bordant aussi presque toujours le Pacifique, est très-échancrée par des gorges et vallées se croisant dans tous les sens.

Ses principales élévations consistent d'abord dans deux monts qui bordent le côté nord du col de Salinas, l'un près du lac, de 370 mètres d'altitude, l'autre près du Pacifique de 182 mètres, puis le mont La Palma, d'une altitude de 180 mètres, dominant la baie de San-Juan del Sur, et enfin vers le centre de l'isthme, le mont Venturon, de 240 mètres de hauteur, dominant la vallée du Rio-Grande, à quelques kilomètres seulement du Pacifique.

Cette même partie de la chaîne est coupée intégralement par deux cols principaux, dont l'un, le col de Salinas, auquel on arrive du lac en remontant la Sapoa et qui débouche dans la baie de Salinas, après un parcours de 22 kilomètres. On l'a longtemps considéré comme le moins élevé de l'isthme, son seuil, disait-on, n'ayant qu'une altitude de 42^{m}50 au-dessus du lac, soit 78^{m}50 au-dessus du Pacifique. Cette croyance provenait de ce qu'il se dessine assez nettement à la vue du côté du Pacifique, ainsi que de l'autre côté en remontant la Sapoa, et qu'il est un passage très-connu comme fréquenté par les Indiens qui vont dans la baie de Salinas chercher le sel nécessaire à la consommation de la région du lac. Aussi était-il toujours indiqué pour un projet de canalisation, et c'était par là qu'on dirigeait presque toujours les reconnaissances à travers les forêts qui le couvrent entièrement — mais c'était une erreur.

La partie de l'isthme qui dépend du bassin du lac, et qui le borde sur 24 kilomètres de longueur environ, de Zebadilla, situé au sud de la Virgen, jusqu'au delà d'Obraje au nord, et sur 8 kilomètres environ de largeur, est une des parties les plus peuplées et les plus cultivées du Nicaragua. C'est généralement une plaine très-peu accidentée, descendant de la petite chaîne et de ses contreforts par une pente assez douce au lac qui baigne ses pieds, et abritée contre les premiers rayons du soleil levant par la grande ombre que projettent au loin les pics des îles Ometepe et Madeira, qui surgissent des eaux à 10 kilomètres de distance dans le lac, avec des élévations dépassant 600 et 1,600 mètres.

On y trouve de nombreuses villes et gros villages très-rapprochés entre eux, Rivas de Nicaragua, Obraje, San-Jorre, Las Sinoas, Chocolate, San-Pablo, la Virgen, Juandavilla, Zebadilla.

Toutes les eaux de cette partie entière de l'isthme, même celles du bassin du Pacifique, semblent vouloir aller au lac.

C'est d'abord le rio Lajas, quant à lui, affluent du lac, dans lequel il tombe près San-Pablo, et dont toutes les sources supérieures prennent naissance tout près du Pacifique, à trois kilomètres seulement derrière San-Juan del Sur, dans le groupe de monts infranchissables pour un canal qui composent la chaîne en cet endroit.

Sur son parcours à gauche et non loin de San-Pablo, le rio Lajas reçoit un petit affluent, le rio Chocolate, dont les nombreuses petites sources prennent naissance près du village de Chocolate, sur le sommet de la plaine, à une altitude de 16 mètres seulement au-dessus du niveau d'étiage des eaux du lac.

C'est ensuite le rio Grande, affluent du Pacifique, qui prend sa source non loin de cet Océan, dans le versant, tourné vers la mer, du haut plateau composant la chaîne, et formant le prolongement au midi du mont Venturon qu'il sépare à sa naissance du mont la Palma.

Le rio Grande se dirige d'abord au midi, puis au levant vers le lac, comme s'il voulait aller s'y verser, parallèlement au rio Lajas, tourne ensuite au nord et au nord-ouest en coulant quelque temps parallèlement au lac, sur un parcours relativement assez long, et en en passant à une distance de 7 kilomètres et demi seulement, notamment au droit de Chocolate, puis tournant subitement au sud-ouest, il forme alors par sa vallée une coupure dans la chaîne pour descendre directement au Pacifique, au port Brito, baignant en passant le pied du mont Venturon à sa gauche.

Il forme ainsi un vaste cercle qui enveloppe plus qu'aux trois quarts du côté du lac le mont Venturon et le haut plateau qui y tient. Une petite partie seulement de la montagne du côté du Pacifique n'est pas enveloppée dans le circuit de la rivière.

Dans la partie supérieure de son cours, vis-à-vis Chocolate, à l'endroit où la rivière est le plus rapprochée du lac, son altitude est à peu près la même que celle des eaux d'étiage de ce dernier, et elle reçoit en cet endroit, par sa rive droite, un petit affluent qui prend sa source dans la plaine de Chocolate, tout près, à 700 mètres au plus des sources du petit ruisseau Chocolate, affluent du rio Lajas, versant au lac.

L'altitude au-dessus des eaux d'étiage du lac du seuil de la plaine de Chocolate, ordinairement appelé Seuil-de-Rivas, qui sépare ces deux petits ruisseaux, l'un allant au lac et l'autre au Pacifique, en se tournant le dos, n'est, comme nous venons de le dire, que de 16 mètres, et au-dessus du Pacifique que de 52 mètres, soit 26^{m}50 moins grande que celle du seuil du col de Salinas, et encore la différence doit-elle être plus grande par suite de l'augmentation d'altitude trouvée au col de Salinas par M. l'ingénieur Durocher. — En outre, à Rivas, ce n'est que sur un parcours pas même de 10,000 mètres que l'altitude des terres est plus grande que celle du lac, tandis qu'à Salinas c'est sur un parcours de 18,600 mètres.

Dans la plaine de Chocolate, le seuil ne peut guère recevoir la dénomination de col, puisque la contrée est presque plate, et que ce n'est guère à la vue qu'on peut reconnaître son passage, mais seulement avec les instruments de précision.

C'est plutôt en descendant le rio Grande qu'on trouve que sa vallée forme un col ou assez long défilé jusqu'au Pacifique, à travers la chaîne de l'isthme qui passe de ce côté et alors relativement très-élevé, comme le fleuve San-Juan en forme un bien plus long dans son cours vers l'Atlantique.

Aussi cette similitude avec lui du rio Grande nous a-t-elle suggéré l'idée pour ce dernier du même moyen de submersion en grand de sa vallée, en deux fois, par deux barrages établis aux endroits les plus propices, de manière à la submerger presque entièrement dans toute cette partie du passage de la chaîne.

On atteindra ce but par un premier barrage submergeant une première section à niveau des eaux du lac, jusqu'au point où sa jonction peut être faite en pleine eau, non loin de Chocolate, avec la tranchée du canal, présentant dans le seuil même une coupure de $23^m 50$ de profondeur maxima jusqu'au plafond du lit du canal, puis ensuite en descendant vers le Pacifique par une autre submersion d'une deuxième section de la vallée, à un niveau établi à $14^m 25$ plus bas que celui donné au lac, au moyen d'un deuxième barrage donnant, pour arriver au niveau des basses mers du Pacifique, une seconde dénivellation de $23^m 75$, et se rapprochant le plus possible de cet Océan, afin de n'avoir plus besoin pour l'atteindre que d'un chenal de peu de longueur.

Ces deux barrages seront insubmersibles, et ne laisseront passer aucune autre eau que celle des éclusées. La première sera la véritable limite occidentale du lac, et en retiendra complétement les eaux, de manière que lors des crues de la petite rivière du rio Grande elles reflueront dans le lac, sans que ce nouvel apport en augmente sensiblement le volume.

On voit que pour le tracé du canal il n'y avait pas à hésiter entre le seuil de Salinas et celui de Rivas, près Chocolate, par la vallée du rio Grande.

Du lac au Pacifique, le canal suivra donc le tracé ci-après qui est le même que celui qu'avaient adopté d'abord M. Childs, ingénieur américain, et ensuite M. Thomé de Gamond dans son dernier projet, sauf les modifications nécessaires que lui apporte notre système de séries d'écluses, et l'application de la submersion à la vallée du rio Grande.

Il commence à l'embouchure du rio Lajas dont il suit la rive gauche jusqu'au delà de San-Pablo, en évitant de le creuser en lit de rivière dont les dépôts limoneux seraient une gêne continuelle, remonte toujours en tranchée le petit ruisseau Chocolate, traverse le seuil, redescend encore en tranchée le petit affluent du rio Grande, et quelque peu plus bas que son confluent fait sa jonction avec le rio Grande lui-même. Le lit de ce dernier est alors approfondi sur un parcours de 2,360 mètres jusqu'auprès de Las-Sinoas, point où par suite de la submersion de sa vallée, la rivière atteindra la profondeur nécessaire à la navigation. A partir de là c'est la première submersion de la vallée du rio Grande qui sert de canal sur un premier parcours de 4,404 mètres avec une profondeur toujours croissante atteignant jusqu'à 22 mètres, et une largeur qui, parfois, dépassera 800 mètres.

En cet endroit la vallée forme une courbe très prononcée, contournant le premier contrefort du plateau du Venturon. C'est là que sera établi d'un versant à l'autre de la vallée le premier barrage insubmersible dit de Rivas

Il sera ainsi créé en amont de cette digue, à cinq kilomètres au plus de Rivas, un vaste et magnifique bassin qui, par la suite, deviendra un port important du côté du Pacifique.

Ce premier barrage opère, comme nous l'avons dit, une retenue d'eau de 14 mètres 25 d'élévation qui sont franchis au moyen d'une double série de trois écluses accotées, creusées sur la rive gauche de la rivière dans le flanc du contrefort du plateau du Venturon, et on se trouve alors dans le bief intermédiaire de 3,720 mètres de longueur, formé par la seconde submersion de la vallée au moyen d'un deuxième barrage insubmersible élevé au pied du mont Venturon même, à 4,550 mètres du Pacifique.

La retenue opérée par ce dernier barrage est de 23 mètres 75 d'élévation, qui sont franchis pour descendre dans le chenal établi à niveau des basses mers du Pacifique par une série de cinq écluses accotées, creusées et taillées dans le flanc du versant de la rive droite.

Le chenal qui, creusé dans la vallée, conduit ensuite au Pacifique à niveau de cet Océan, n'a qu'une longueur de 3,150 mètres par suite de l'étendue des séries d'écluses, étagées au flanc de la montagne, et de leurs abords.

Digue-barrage insubmersible de Rivas.

La digue-barrage insubmersible de Rivas dont nous venons de reconnaître la position sera élevée à une distance de 9,270 mètres du Pacifique et à 17,200 mètres du lac qu'elle prolongera ainsi d'autant du côté de cet Océan.

L'endroit de la vallée du rio Grande où elle sera construite est à une altitude de 16 mètres au plus bas. Pour atteindre les 38 mètres d'altitude, niveau des grandes eaux du lac au-dessus du Pacifique, elle devra encore avoir un maximum de 22 mètres d'élévation d'eau, et une hauteur de 24 mètres en y comprenant

2 mètres au-dessus, tout en n'opérant une retenue que de 14 mètres 25. Mais les eaux du bief inférieur viendront en baigner le pied sur une hauteur de 7 mètres 75, en sorte que la pression de l'eau n'opérera réellement que sur 14 mètres 25 de hauteur.

Comme conséquence de cette disposition et du prolongement en aval de la double série d'écluses, le bief inférieur atteindra immédiatement, pour arriver à celles-ci, le tirant d'eau suffisant sans nécessiter aucun travail d'approfondissement.

Ce barrage aura 800 mètres de longueur, 20 mètres de largeur de surface, et 87 mètres de largeur de base, au plus profond de la vallée.

Ses côtés seront sous une inclinaison de 35 degrés.

Avec ces dimensions il cubera 513,600 mètres cubes.

Il sera construit en maçonnerie pleine avec pierres de toute venue noyées dans le mortier. Les parements seuls seront en pierres taillées.

Les matériaux proviendront des extractions de la double série y tenant, et aussi, si besoin est, des déblais du seuil de Rivas.

Barrage du Venturon.

Le barrage insubmersible du Venturon, dont nous avons fixé l'emplacement, sera élevé d'un versant à l'autre de la vallée dont l'altitude est encore alors au plus bas de 7 mètres 75 au-dessus des basses mer du Pacifique, en sorte que pour atteindre les 23 mètres 75 d'élévation du plan d'eau de la submersion qu'il doit procurer en amont, il lui faudra un maximum de 16 mètres d'élévation de retenue d'eau, ce qui, avec 2 mètres de couronnement en plus, portera à 18 mètres la hauteur maxima.

Par suite de la largeur de la vallée en cet endroit, son développement sera de 1,200 mètres.

Il aura la même largeur que les autres de 20 mètres de surface. Le maximum de sa largeur à la base sera de 70 mètres, ses côtés étant sous une inclinaison de 35 degrés.

Avec ces dimensions il cubera 496,000 mètres cubes.

Il sera également construit en maçonnerie pleine avec des pierres de toute venue, noyées dans le mortier. Les parements seuls seront en pierres de taille.

Les matériaux nécessaires à sa construction proviendront des extractions bien plus que suffisantes de la double série d'écluses y attenant.

Développement du canal.

Ce tracé du canal donne un développement total pour la ligne de navigation de 285 kilomètres 700 mètres d'un Océan à l'autre, se divisant comme il suit :

LONGUEUR DES DIFFÉRENTES PARTIES DU CANAL.

Du travail qui précède, il résulte que le canal de Nicaragua se divise en trois grandes sections distinctes.

Géographiquement les distances sont en suivant la ligne de navigation la plus courte :

1° *Canal de Rivas* (de l'Océan Pacifique au lac de Nicaragua)........ 26.470^m

2° *Traversée du lac de Nicaragua* (de San-Pablo à San-Carlos)....... 85.600

3° *Vallée du San-Juan* (de San-Carlos à San-Juan del Norte)........ 173.630

Longueur totale.................... 285.700^m

Mais les divisions *hydrographiques* sont :

1° *Bief de partage*, lac de Nicaragua et ses prolongements chaque côté. 200.320

2° *Branche occidentale* comprenant le chenal d'arrivée au Pacifique et le bief intermédiaire.. 8.270

3° *Branche orientale*, comprenant le chenal conduisant à l'Atlantique et le bief intermédiaire... 77.110

Longueur totale.................... 285.700^m

Analysant encore davantage ces longueurs, on trouve que :

La branche occidentale se divise ainsi en y comprenant les doubles séries d'écluses :

1° Chenal pour arriver au Pacifique........................... 3.150^m

2° Première double série de 5 écluses et ses approches........... 1.400

3° Bief intermédiaire... 3.720

4° Enfin deuxième double série de 3 écluses et ses approches...... 1.000

Longueur totale de la branche occidentale......... 9,270^m

Le bief de partage

1° Partie dans l'isthme de Rivas formant le prolongement occidental du lac .... 17.200^m

2° Traversée du lac................................... 85.600

3° Partie de la vallée du San-Juan formant le prolongement oriental du lac sans la double série d'écluses du mont San-Carlos .... 95.520^m

Longueur totale du bief de partage...... 198.320 = 198.320^m

À *reporter*..................... 207.590

Report...................... 207.590^m

La branche orientale :

1° La double série de 3 écluses du mont San-Carlos et
approches.. 1.000^m

2° Bief intermédiaire, sans les séries d'écluses......... 51.140

3° Double série de 5 écluses du bec du Colorado et approches.................................... 1.920

4° Chenal conduisant à l'Atlantique................. 24.050

Longueur totale de la branche orientale .. 78.110 = 78.110^m

Total égal à la longueur du canal..................... 285,700^m

Sur ce total de 285 kilomètres 700 mètres de longueur de la traversée du grand Isthme américain, aucun travail n'est à faire sur différents parcours qui, réunis, forment ensemble 189,664 mètres (les 2 tiers), en sorte qu'il n'y aura de travaux à exécuter que sur 95,036 mètres.

Et encore sur ces 95 kilomètres près des deux tiers n'exigent qu'un travail d'approfondissement insignifiant pour atteindre 9 mètres 50 de tirant d'eau, quelques dérasements à la drague du sol d'alluvion, n'atteignant pas parfois plus de 10 centimètres d'épaisseur, uniquement pour que le canal ait rigoureusement partout la profondeur réglementaire de 9 mètres 50.

Les travaux sérieux ne s'étendront guère que sur 35 kilomètres de longueur environ.

Tirant d'eau à donner au canal.

Le canal de Nicaragua pour être une œuvre complète, telle que nous l'avons définie, devra faire transiter d'un Océan à l'autre les plus forts navires en usage, tant en longueur qu'en tirant d'eau et largeur.

La longueur dépend uniquement des dimensions de l'écluse, or nous lui donnons, ainsi qu'on verra à sa description, 200 mètres de longueur, bien certainement suffisants pour les besoins à venir, malgré la tendance à accroître sans cesse celle des navires, de manière à augmenter leur contenance utile sans diminuer la vitesse, double but que n'atteindrait pas l'augmentation en largeur et en profondeur.

Les courbes actuelles, quelquefois très-prononcées, du lit du San-Juan, ne s'opposeront jamais non plus au but proposé, puisque par notre système de submersion de la vallée entière, elles disparaîtront en grande partie, et seront, tout en ayant la profondeur nécessaire, à un rayon suffisamment grand pour que les plus longs paquebots puissent naviguer et manœuvrer sans aucune gêne, utilisant toute leur puissance pour dépasser ceux des navires bien moins favorisés pour la vitesse, ce qui ne pourrait avoir lieu dans un canal.

Quant à la profondeur, il faut autant que possible la porter immédiatement partout dans les biefs, au minimum de 9 mètres 50, afin qu'il n'y ait pas un grand nombre de navires ne pouvant pas passer, et qu'on ne soit pas obligé d'en construire spécialement pour ce passage.

Dans toute sa traversée, sauf aux accores, le lac, même lors de l'étiage, donne plus que cette profondeur. Donc aucun obstacle de ce côté.

Dans nos premiers projets nous n'avions d'abord pas pensé à élever le niveau d'étiage, et nous avions cherché à obtenir les 9 mètres 50 de profondeur au moyen de dérasements et de fouilles partout où la submersion ne donnait pas ce tirant d'eau. Ce système ordinaire nécessitait près de 34,000,000 de mètres cubes d'extractions. C'était un volume élevé.

Mais depuis nous avons reconnu qu'on peut atteindre le même tirant d'eau sans avoir besoin de tant approfondir.

De toutes manières, il faut, dans le système de submersion adopté, que les digues-barrages soient construites de telle sorte qu'elles puissent maintenir les eaux, lors de leur plus grande élévation, c'est-à-dire lorsqu'elles atteindront deux mètres au-dessus de l'étiage actuel du lac. Il est alors possible de rendre permanent ce qui ne devait être que momentané et périodique, en réglant le niveau, au moyen des déversoirs, de manière qu'il conserve toujours l'altitude des grandes eaux du lac sans pouvoir descendre au-dessous, ni sans la dépasser.

A ce moyen le débit du San-Juan à la mer sera, sinon moins considérable, du moins encore plus régularisé qu'il ne l'est déjà dans son régime actuel, ce qui offre tout avantage. La marche des eaux à la mer, toujours plus grande et plus accélérée dans le moment des pluies, se fera plus lentement, et le débit du fleuve sera rendu aussi régulier et aussi uniforme que possible.

Le résultat du maintien permanent à sa plus grande élévation du plan d'eau du lac et de ses prolongements vers les deux Océans équivaudra par le fait à un égal abaissement du plafond, et présentera une économie d'autant plus grande dans les travaux d'approfondissement qu'ils seront à faire sur une bien moins grande étendue, et surtout qu'on sera dispensé des plus difficiles, de ceux qu'il aurait fallu faire à la plus grande profondeur, et, par suite, presque toujours en rocher.

Les conditions actuelles d'évaporation du lac n'en seront pas sensiblement modifiées, car sa superficie ne sera pas augmentée en proportion de l'augmentation du volume d'eau que lui apporteront ses nouveaux affluents. Sa superficie est en effet de six milliards de mètres. La submersion des vallées du San-Juan supérieur et du rio Grande l'augmenteront de 200,000,000 de mètres environ, soit de 1/30 de celle actuelle. Par contre, ses nouveaux affluents lui fourniront environ 1/5 d'eau de plus que ce qu'il reçoit maintenant. Cette augmentation dans l'apport d'eau suppléera de beaucoup à son évaporation, et lui permettra mieux que dans son régime actuel de conserver le nouveau plan d'eau comme niveau permanent de son nouvel étiage.

On peut donc, au lieu de 9 mètres 50 d'approfondissement au-dessous de l'étiage actuel ne donner que 7 mètres 50, ce qui, avec 2 mètres de surélévation du plan d'eau du lac, comme nouvel étiage, portera à 9 mètre 50 la profondeur minima de tout le bief supérieur.

Par l'effet de la submersion seule, les biefs intermédiaires atteindront également partout 9 mètres 50 de profondeur, sauf sur quelques kilomètres dans la partie supérieure de celui de la vallée du San-Juan, où il y aura à faire quelques dérasements.

En ce qui concerne les chenaux d'arrivée à la mer, qui devront être creusés au-dessous du niveau de chaque Océan, nous avions pensé d'abord à les établir également à un tirant d'eau de 9 mètres 50 au-dessous des basses mers.

Pour eux, cette profondeur, ainsi d'ailleurs que nous l'avons déjà dit, n'est pas indispensable, elle peut sans inconvénient être ramenée à 8 mètres de tirant d'eau minimum qui sera, à des heures régulières, deux fois par vingt-quatre heures, porté par la marée à 12 mètres du côté de l'Atlantique et à 11 mètres du côté du Pacifique.

Les distances qui sépareront les Océans des premières doubles séries d'écluses sont, du côté de l'Atlantique, de 24,050 mètres, et, du côté du Pacifique de 3,150 mètres. Les navires à trop grand tirant d'eau pourront attendre quelques heures la marée dans les avant-ports, et, selon, leur direction, profiteront du flux ou du reflux pour franchir ces distances, dont la plus grande leur demandera tout au plus trois heures, aidés qu'ils seront dans leur marche par la marée elle-même.

On ne peut donc voir là une cause réelle de retard, surtout si on fait la comparaison avec le canal de Suez, qui n'a que 8 mètres de tirant d'eau, et où la navigation ne se fait pas encore de nuit, tandis qu'au Nicaragua elle pourra toujours se faire de nuit comme de jour.

Dans tous les cas, la légère perte de temps que pourraient ainsi éprouver quelques grands navires pour la traversée du canal serait un bien petit inconvénient en regard des avantages de facilité et d'économie de frais que ce moyen offre pour l'exécution du canal.

Ces chenaux pourront d'ailleurs être facilement approfondis à 9 mètres 50, après son ouverture.

Largeur à donner aux parties à canaliser et à approfondir.

Comme nous l'avons dit en commençant, la première et principale condition d'un canal maritime à travers le grand Isthme Américain, pour être considéré comme une œuvre complète dans le présent et pour les besoins à venir, exige que sa largeur soit suffisante pour permettre le croisement, sur tous les points de sa longueur, des plus gros navires en charge.

Cette condition est plus que remplie pour toutes les parties du lac et des portions submergées des vallées du San-Juan et du rio Grande où la profondeur atteindra 9 mètres 50 sans aucun travail.

Dans tout leur parcours, qui atteint près de 190 kilomètres de longueur, leur largeur sera bien plus que suffisante, puisque, rarement inférieure à plusieurs centaines de mètres, elle sera presque toujours de plusieurs kilomètres et presque sans limites dans le lac.

Dans ces larges sections, les navires de toute grandeur pourront, non-seulement se croiser dans leur marche opposée, mais aussi se dépasser comme en pleine mer selon leur puissance de vitesse.

Il n'y a donc à s'occuper que de la largeur à donner aux parties à canaliser et à celles qu'il y a nécessité d'approfondir.

Dans ces parties, chacune d'ailleurs de peu d'étendue, sauf toutefois le chenal conduisant à l'Atlantique qui a 24,050 mètres, les navires de toute grandeur ne pourront que se croiser en sens opposé, mais la largeur devra être suffisante pour que, malgré tous leurs agrès et la saillie des vergues notamment, le croisement puisse se faire sans aucune difficulté et sans que chacun, en tenant son côté, n'ait pour ainsi dire à dévier de sa ligne.

Pour obtenir ce résultat, le canal, dans ces sections, devra avoir au moins 50 mètres de largeur à la ligne de flottaison, avec très-peu d'inclinaison des parois latérales submergées, ce qui, en croisement, donne à chaque navire un espace libre qui nous paraît suffisant de vingt-cinq mètres.

En lit de rivière, les parois seront presque à plomb. Utilisant en effet la grande abondance du bois, le chenal à y creuser sera mis autant que possible entre pilotis, ce qui lui fera chaque côté un muraillement en bois, et les déblais provenant de la drague seront immédiatement rejetés au-delà par la machine elle-même.

A la traversée du seuil de Rivas, la tranchée devra avoir aussi 50 mètres à la ligne de flottaison. Les parois latérales immergées pourront être également presque à plomb, puisqu'elles seront taillées dans le roc.

On aura donc ainsi sur tout le parcours du canal la plus grande largeur qu'on puisse désirer pour une œuvre semblable.

En mer et dans le lac les chenaux de débouché auront par exception 100 mètres de largeur à leur surface et 80 mètres au plafond.

Par suite de l'adoption de ces dimensions, les différentes parties à canaliser auront, pour le calcul des déblais, les largeurs moyennes suivantes :

1° Les chenaux d'approche en mer et dans le lac 90 mètres ;

2° Les chenaux d'arrivée au Pacifique et à l'Atlantique, 50 mètres ;

3° Et la tranchée du seuil de Rivas, 54 mètres.

Description d'une double série d'écluses.

Le mode de canalisation que nous venons de décrire exige que les hauteurs de retenue d'eau soient franchies immédiatement, presque sur place, avec le moins de développement possible.

D'un autre côté, une des conditions principales pour que le canal puisse suffire au mouvement le plus développé de la navigation veut que le passage de ces retenues puisse avoir lieu aussitôt en très peu de temps, presque sans arrêt, par tous les navires qui se présenteront. Or, nous avons vu en commençant que le nombre de ces derniers, suivant la même direction, pourra parfois atteindre 150 par jour, c'est-à-dire un tous les neuf ou dix minutes, n'ayant strictement chacun que ce temps pour le passage de chaque écluse, afin de faire immédiatement place à un autre.

Pour satisfaire à ces exigences de la navigation, et à ces conditions premières dont on ne peut s'écarter, nous avions dans les projets antérieurs imaginé différents systèmes d'écluses, dont un aurait peut-être rempli le but proposé, mais qui, par ses innovations trop hardies et non sanctionnées par la pratique effrayait quelque peu l'imagination des hommes compétents, non pas qu'il leur parût impraticable, mais laissant peut-être trop à l'inconnu.

Nous nous mîmes alors à chercher un autre système d'écluses, se rapprochant autant que possible de la pratique ordinaire, afin que rien dans le projet présenté ne pût être considéré comme une novation offrant des impossibilités que la mise en pratique seule pourrait révéler, et, par suite de cette incertitude des résultats, ne rendît impossible la mise à exécution du projet.

Dans une œuvre pareille, tout doit être conçu et pesé, de façon que l'esprit le saisisse immédiatement d'une manière indéniable, et que rien ne soit subordonné à des questions faisant le moindre doute.

Nous résolûmes par suite d'avoir recours à des écluses ordinaires, comportant très peu de modifications, mais combinées de façon à pouvoir franchir presque sans arrêt les dénivellations créées par les barrages : *une sorte d'escalier hydraulique*, par exemple.

De la sorte, tout étant dans le connu et ressortissant de la pratique ordinaire, les hommes compétents l'admettraient sans aucune difficulté.

Subordonnant nos recherches à cette solution, voici le système que nous avons conçu :

Une *suite* d'écluses, chacune de hauteur convenable (4 mètres 80 au maximum comme au bec du Colorado), se succédant *comme les marches d'un escalier.*

Des exemples en existent sur le canal latéral au bec d'Allier, sur le canal du Loing et sur beaucoup d'autres en France et à l'étranger.

Mais dans ce système de *série* d'écluses, lorsqu'un bateau est engagé dans la série pour monter ou descendre, si un autre vient en sens inverse, il est obligé d'attendre que le premier l'ait complétement franchie.

Or, le grand passage que nous venons de constater au Nicaragua ne permet pas d'être subordonné à cette condition ; chaque navire se présentant dans un sens ou dans l'autre doit pouvoir passer immédiatement.

Une autre voie est donc nécessaire à côté de la première pour donner passage aussitôt aux navires allant en sens opposé au premier.

Nous avons ainsi une *double série d'écluses* accotées, indépendantes l'une de l'autre, présentant deux voies, l'une pour monter, l'autre pour descendre, et ayant en outre l'avantage, en cas de chômage forcé de l'une des séries pour réparations à une ou plusieurs de ses écluses, d'en avoir toujours une de libre pour faire momentanément à elle seule le passage des navires allant dans les deux sens, sans que par suite de réparations nécessaires à une seule écluse, il y ait chômage forcé sur tout le canal.

Les doubles séries d'écluses ainsi établies ne rempliraient pas encore toutes les conditions de célérité voulues pour le passage.

Si, en effet, on suppose chacune d'elles de 5 écluses (nombre adopté pour le barrage du bec de Colorado où elles auront le maximum de hauteur de 4 mètres 80), il arriverait, à moins que de doubler la dénivellation aux portes, que lorsqu'un bâtiment serait engagé dans la série lui donnant passage, un autre ne pourrait s'y engager qu'autant que le premier l'aurait franchie complètement, ce qui ne peut être. Et voici pourquoi :

Supposons qu'un navire monte : Il s'engage dans la première écluse baissée au niveau du bief inférieur (0 comme point de départ).

Les portes étant fermées derrière, le niveau de cette première écluse est ensuite élevé au niveau le plus bas de la *deuxième* écluse (4 mètres 80), afin d'entrer dans celle-ci dont s'ouvrent les portes de communication avec la première.

Les deux premières écluses ont alors pour niveau commun celui le plus élevé de la première, et celui le plus bas de la deuxième (4 mètres 80 au-dessus du bief).

Pour que le navire passe ensuite dans la troisième, la porte de communication entre les deux premières est fermée, l'eau dans la *deuxième* écluse est élevée à son niveau le plus haut qui est le plus bas de la troisième (9 mètres 60 au-dessus du bief).

En sorte qu'alors pour les deux premières écluses et le bief inférieur, ces niveaux sont échelonnés ainsi :

Niveau du bief inférieur ou 0.

Niveau du plein de la première écluse (4 mètres 80 au-dessus du bief).

Niveau du plein de la deuxième (9 mètres 60 au-dessus du bief).

Si dans cette position on veut faire entrer un second navire dans la série, on est obligé de ramener le niveau de la première écluse au niveau du bief inférieur, soit à 0.

Mais alors il s'opère entre la première et la deuxième écluse une seconde dénivellation, l'une, la *deuxième*, est à son niveau le plus élevé, celui de communication avec la troisième (9 mètres 60 au-dessus du bief), et l'autre, la première, revient à son niveau le plus bas, celui de communication avec le bief inférieur (ou 0), en sorte que les portes qui les séparent ont à supporter alors la pression d'une double dénivellation (9 mètres 60), ce qui ne doit pas être, car si elles sont construites pour supporter seulement la pression d'une retenue d'eau de 4 mètres 80, qui est à peu près le maximum de hauteur de chute possible, à donner entre deux écluses, elles ne peuvent, en raison des grandes dimensions en largeur qui leur sont nécessaires, en supporter une de 9 mètres 60, le double de hauteur.

Et cependant il faut, pour que les séries puissent suffire au passage, que les navires se suivent dans la série à la suite les uns des autres, un dans chaque écluse, comme plusieurs personnes sur les marches d'un escalier qu'elles montent en même temps à la suite l'une de l'autre, sans que la seconde ni la troisième, non plus que les suivantes, soient obligées d'attendre que celles qui les précèdent aient fini de monter pour commencer à monter elles-mêmes.

On est donc obligé, pour atteindre le résultat cherché, d'empêcher que la dénivellation se double aux portes de communication de deux écluses contiguës, lorsque la première est à son niveau le plus bas, et la deuxième à son niveau le plus élevé.

Il est vrai que dans les séries d'écluses ordinaires, tel qu'au bec d'Allier, les bateaux peuvent se succéder immédiatement dans les écluses au moyen que celle inférieure se vide complètement en faisant supporter à ses portes d'amont toute la pression de l'eau de l'écluse immédiatement supérieure, alors complètement pleine à son plus haut niveau. — Mais le peu de section des écluses d'un canal de petite navigation fait que les portes n'ont pas les énormes dimensions de celles d'un canal maritime.

Dans les séries d'écluses d'un canal à petite section, comme au bec d'Allier, par exemple, où pour les passages l'eau dans les écluses est baissée de manière à faire le vide complet derrière les portes, la surface pressée est égale à 5 mètres 35 largeur de porte $\times$ 7 mètres, sa hauteur totale, $= 37^{m^2}$ 45 supportant alors une pression de 37^{m^2} 45 $\times$ 3,500 kilogrammes moyenne de pression par mètre carré $= 131,075$ kilogrammes.

En raison de leur peu d'envergure, n'atteignant pas même 3 mètres, on peut facilement donner à ces portes la force nécessaire pour résister à cette poussée sans que leur poids nuise à leur fonctionnement.

Mais autre chose serait de faire supporter à des portes marines toute la pression de l'eau en vidant complètement une écluse derrière.

Au Nicaragua, les écluses devront avoir 26 mètres de largeur, une profondeur navigable de près de 10 mètres au-dessous du niveau le plus bas, et une retenue d'eau de 4 mètres 80, ce qui fait 14 mètres 80 de hauteur de porte en contact en amont avec l'eau.

Leur surface pressée, en faisant complètement le vide derrière, comme au bec d'Allier, serait de 26 mètres $\times$ 14 mètres 80 $= 384^{m^2}$ 80 devant subir dans ces conditions une pression égale à 384^{m^2} 80 $\times$ 7,400 kilogrammes moyenne de pression par mètre carré $= 2,847,520$ kilogrammes.

On conçoit que dans de telles conditions de pression il est impossible d'établir des portes de la même manière qu'au bec d'Allier. — Ce qui est praticable en petit, ne peut se faire en grand pour un canal maritime.

Les chiffres suivants vont bien démontrer qu'on ne peut pas faire supporter à chaque paire de portes au-delà de la pression opérée par une simple dénivellation entre deux écluses.

Au Nicaragua, la dénivellation maxima entre deux écluses devant être de 4 mètres 80, et la largeur de 26 mètres, la surface pressée sera de 4 mètres 80 $\times$ 26 mètres $= 124^{m^2}$ 80 $\times$ 2,400 kilogrammes moyenne de pression par mètre carré $= 299,520$ kilogrammes, poussée ne dépassant pas les limites convenables pour être facilement surmontée.

Mais avec une dénivellation double, on trouve surface pressée 9 mètres 60 $\times$ $26^m = 249^{m^2}$ 60 $\times$ 4,800 kilogr. pression moyenne par mètre carré $= 1,198,080$ kilogrammes de poussée.

On voit ainsi qu'avec une dénivellation double la pression est quadruplée, et il n'est plus possible de donner à des portes la force nécessaire pour supporter un poids aussi énorme surtout avec une aussi grande largeur.

Dans les canaux ordinaires sans séries, deux écluses sont toujours séparées par un bief, d'une longueur quelconque, en sorte qu'il y a réellement, séparant deux écluses immédiates, 2 paires de portes, séparées elles-mêmes entr'elles par un bief, dont le niveau sert de dénivellation intermédiaire entre les niveaux extrêmes des deux écluses (le niveau le plus bas de la 1re et le niveau le plus élevé de la 2e), la dénivellation étant double alors entre ces deux écluses.

Les portes d'aval de la 2e supportent la première moitié de la dénivellation, et les portes d'amont de la 1re la seconde moitié, cette division étant opérée exactement par le niveau du bief intermédiaire.

C'est ce qu'il faut imiter en établissant entre les deux écluses contigües un faux bief intermédiaire, de manière à avoir ainsi entr'elles deux paires de portes qu'il suffit de séparer, pour former le faux bief, par la distance nécessaire au développement des portes d'amont de la première écluse et à l'épaisseur des jambages des portes d'aval de la seconde.

D'ailleurs pareil système existe déjà au Canada : on lit en effet dans le rapport de M. Mackensie, ministre des travaux publics, au gouverneur général, sur l'état des voies navigables de ce pays, en 1874 (voir *Journal officiel* du 6 mai 1875), que le canal Saint-Pierre relie la baie de ce nom sur la côte du cap Breton aux lacs du Bras-d'Or ; sa longueur est de 2,400 pieds, il *possède une écluse double (à quatre paires de portes)*, de 26 pieds sur 122.

Les écluses seront donc séparées entr'elles par un faux bief et deux paires de portes, qui permettront aux navires, sans qu'à certains moments la dénivellation soit subitement doublée entre deux écluses immédiates, de pouvoir s'engager, sans temps d'arrêt, pour monter ou descendre, immédiatement à la suite de ceux les précédant dans la série d'écluses devant leur faire franchir le barrage.

Le canal pourra ainsi satisfaire, sans encombrement, au mouvement de navigation le plus développé, puisque, pour les navires montant et descendant simultanément, le passage des écluses se fera par un croisement parallèle comme en plein canal.

Les écluses auront d'un busc à l'autre 200 mètres de longueur, afin que la plupart de ceux des navires qui devront être remorqués puissent s'y engager précédés de leur remorqueur.

Les faux biefs intermédiaires n'auront que 30 mètres de long.

Faux biefs et écluses auront 26 mètres de largeur libre pour les navires.

Les portes, construites en fer, et à double paroi, auront un creux plus que suffisant pour, par un juste déplacement d'eau, les maintenir lèges et flottantes ; les vantaux ne fatiguant plus les organes de suspension pourront être construits suivant toutes les dimensions en largeur et hauteur que les besoins de la navigation exigeront.

Elles ne seront percées d'aucune vanne.

Les vannes qu'on peut ordinairement y ménager sans nuire à leur solidité sont généralement trop étroites pour donner passage à un assez grand volume d'eau à la fois afin que le sassement se fasse très-rapidement sans aucun inconvénient.

Les motifs ci-après démontrent que ce système de vannes dans les portes ne pourrait effectivement, sans de graves inconvénients, donner un sassement aussi prompt et aussi facile que celui que nous allons décrire.

Quand, en effet, le sassement a lieu par la tête de l'écluse au moyen de vannes percées dans les vantaux des portes d'amont, il se produit sous la pression en amont, dans le bassin de l'écluse, lors de l'ouverture des vannes, une projection de l'eau tellement forte qu'elle établit un courant extraordinaire qui se prolonge au loin en aval, ne diminuant qu'insensiblement d'intensité.

Ce courant oblige à solidement fixer le bateau dans le bassin de l'écluse à l'avant et à l'arrière pour qu'il ne soit pas d'abord jeté par lui sur les portes d'aval, puis ensuite par l'effet du remou rejeté sur celles d'amont.

Ces effets offrent plusieurs inconvénients graves qu'il faut absolument éviter au Nicaragua, ainsi :

Avant l'introduction de l'eau le bateau est obligé de s'arrêter,

Puis d'être solidement fixé à l'avant et à l'arrière,

Enfin d'attendre que le sassement soit complétement fini pour s'apprêter à se remettre en marche.

D'où autant de causes de perte de temps.

Avec la longueur à donner aux écluses pour que le remorqueur et le navire remorqué puissent librement s'étaler dans le bassin et le parcourir sans entraves et presque sans arrêt, en ralentissant seulement leur marche, il faut que ceux-ci ne soient astreints à aucune de ces obligations, et que, pendant le sassement, ils soient dans le bassin de l'écluse en eau calme pour ainsi dire, ne donnant aucun courant ni remou, mais opérant tranquillement de partout à la fois le mouvement d'élévation.

Pour obtenir ce résultat, l'eau doit être introduite par les deux côtés à travers les bajoyers sur toute leur longueur également, ce qui fera que l'ascension de l'eau, dans tout le bassin, aura alors lieu avec une égalité parfaite sans aucun courant ni remou.

Tel est le principe de l'écluse nécessaire pour qu'elle puisse s'emplir immédiatement, et que le sassement puisse s'en faire presque instantanément.

Dans ce système d'écluse l'alimentation du liquide s'effectue par deux larges aqueducs latéraux régnant de l'amont à l'aval dans l'épaisseur de chaque bajoyer et manœuvrés par des portes tournantes ou des vannes placées de côté, de manière à intercepter les conduits d'introduction percés dans les côtés des têtes des écluses.

Ces conduits sont indiqués au plan par des lignes ponctuées.

Ils sont prolongés sur les côtés du bassin de l'écluse, devant les bajoyers par les aqueducs dont il vient d'être question, occupant la hauteur entière des bajoyers et presque toute leur longueur.

Ces aqueducs sont formés d'un côté par la muraille du bajoyer, et du côté du bassin par une ligne de forts pieux posés à l'alignement de la muraille de tête des écluses, et très-rapprochés entre eux de manière à ne laisser qu'un joint de 0 mètre 05 de largeur environ.

C'est par ces joints que les aqueducs sont mis en communication permanente avec le sas, et la ligne de pieux forme ainsi une véritable grille à travers laquelle le liquide est instantanément tamisé à l'entrée et à la sortie.

Veut-on mettre le liquide? On ferme les vannes ou portes tournantes aux têtes d'aval; on ouvre celle des aqueducs à l'amont. — Le nivellement des eaux d'amont s'effectue et se soutient dans les aqueducs béants et est instantanément transmis au sas sur toute la longueur de l'écluse par la grille d'introduction formée de la ligne de pieux.

Veut-on évacuer le liquide? on ferme les portes des aqueducs aux têtes d'amont; on ouvre celles d'aval, les aqueducs et par suite le sas, qui au moyen du rang de pieux ne forment qu'une seule onde, se vident instantanément dans le le bief d'aval.

On conçoit qu'on peut donner à ces aqueducs, sans aucun inconvénient, des proportions de grandeur de section en travers qu'il n'était pas possible de donner à des ouvertures de vannes ménagées à travers les portes.

En effet, avec de larges ouvertures à travers les portes dépassant de beaucoup les proportions ordinaires afin d'obtenir un sassement plus rapide, presque instantané, l'eau se précipiterait avec d'autant plus de violence directement en pleine écluse, et y produirait par l'augmentation de force de son courant des désordres bien plus graves et des inconvénients bien plus grands que ceux que nous avons signalés, tandis que par les aqueducs de côté, quelque grands qu'on les suppose, l'eau se précipite instantanément avec un courant qui ne s'établit que dans leur longueur, pour, au fur et à mesure qu'elle s'y élève, s'introduire partout également dans le sas à travers les pieux serrés de la digue formant comme une espèce d'estacade au bajoyer.

La force même du courant à sa naissance ne permet pas que l'eau s'introduise dans le sas plus tôt et plus vite en amont qu'en aval, et c'est si vrai que toujours dans une ligne de courant très-rapide, à travers une eau relativement calme, on remarque un abaissement sensible de la surface de la ligne du courant.

Avec de vastes aqueducs ménagés chaque côté, l'introduction de l'eau pourra donc se faire presque instantanément dans le bassin de l'écluse, sans y apporter le trouble qu'on observe dans les écluses ordinaires, même avec de très petites vannes.

Le but proposé d'un passage rapide de l'écluse sera donc ainsi facilement atteint.

Quant aux faux biefs, bien moins grands que les écluses, environ la neuvième partie seulement, l'introduction de l'eau s'y fera chaque côté au moyen d'une petite vanne fermant un conduit de communication ménagé avec l'aqueduc en amont de la porte tournante.

En cas d'excès d'eau, le niveau intermédiaire entre les portes des deux écluses voisines sera réglé par le seuil établi à une hauteur correspondante d'un petit déchargeoir versant sans inconvénient dans l'aqueduc en aval.

Observons que dans ce faux bief le niveau devra toujours être le même, puisqu'il sera le niveau intermédiaire commun de communication entre les deux écluses, l'une, celle d'aval, étant alors à son niveau le plus élevé, et l'autre, celle d'amont, à son niveau le plus bas. Aussi, lors de leur mise en communication, leurs deux doubles portes s'ouvriront ou se fermeront en même temps comme s'il n'y en avait qu'une seule paire.

Une fois pleins, ces faux biefs conserveront toujours leur niveau sauf les fuites naturelles à l'arrivée ou à la sortie. Les petites vannes et le déchargeoir règleront le manque ou l'excès.

Les conduits des aqueducs à travers les têtes des écluses auront 2 mètres de hauteur sur 2 mètres de largeur, ce qui pour le passage de l'eau fera une section de 4 mètres.

Les petits conduits établissant leur communication avec les faux-biefs auront 0 mètre 25 de hauteur sur 0 mètre 25 de largeur, ce qui pour le passage de l'eau fera une surface de section de 0^{m2} 0625, bien plus que suffisante.

Ainsi que nous l'avons déjà dit à l'occasion de la description des digues-barrages, les doubles séries d'écluses, véritables monolithes, seront creusées et taillées chacune dans le flanc d'un des coteaux des vallées du San-Juan et du rio Grande, auxquels viendront s'enraciner ces digues, en pleins massifs de roches, généralement de porphyre noir, dont sont composées les montagnes du Nicaragua.

Les matériaux en provenant serviront presque sans déplacement à la construction des barrages.

La hauteur à franchir réglera pour chacune des séries le nombre d'écluses dont elle sera composée et par suite sa longueur, sans que les écluses dépassent un maximum de hauteur de 4 mètres 80 qui est celle donnée aux retenues du bec du Colorado.

Les largeurs seront les mêmes pour toutes les doubles séries qui n'auront que trois bajoyers, celui du milieu étant commun aux deux.

La largeur totale d'une double série sera de 96 mètres se décomposant ainsi dans la section des têtes d'écluses :

1° Bajoyer de droite, 12 mètres, ci . . . . 12^m

2° Série d'écluses de droite, 26 mètres, ci 26

3° Bajoyer du milieu, commun aux deux séries, 20 mètres, ci 20

4° Série d'écluses de gauche, 26 mètres, ci 26

5° Et bajoyer de gauche, 12 mètres, ci 12

Total égal 96 mètres, ci . . . . 96^m

Les encastrements dans les bajoyers pour recevoir les vantaux des portes auront 1 mètre, en sorte qu'au droit d'eux la largeur de l'écluse sera de 28 mètres.

La largeur de l'aqueduc dans l'écluse, entre la muraille du bajoyer et le rang de pieux, formant grille de sassement, sera de 4 mètres y compris l'épaisseur de la ligne de pieux, en sorte que le bassin de l'écluse entre les murailles des bajoyers aura une largeur totale de 34 mètres, mais par le fait la largeur du bassin ne sera réellement que de 26 mètres, parce que les rangs de pieux formeront de solides estacades devant les bajoyers, et que les aqueducs seront recouverts d'un fort plancher de madriers s'étendant de la muraille du bajoyer au rang de pieux.

A chaque extrémité de la double série, le bajoyer du milieu sera prolongé au-delà des têtes d'écluses d'environ 70 mètres afin de favoriser l'embectage des navires dans la série, et en outre pour prolonger le sassement de la prise d'eau en amont et celui de l'écoulement en aval.

Les parties d'écluses qui, par suite des fouilles et de la disposition du rocher, ne se trouveraient pas pouvoir être taillées en pleine masse seront raccordées et complétées en maçonnerie.

La profondeur des écluses sera à un tirant d'eau libre de 9 mètres 50.

La hauteur des portes sera donc d'abord pour la partie immergée cette même hauteur de 9 mètres 50, plus 0 mètre 20 environ dans le bas pour le battement contre l'arête du seuil et en outre la hauteur nécessaire pour la retenue d'eau avec 0 mètre 50 en plus. Ainsi au bec du Colorado la retenue de chaque écluse étant de 4 mètres 80 qui est le maximum, la hauteur d'une porte d'aval sera

1° Battement contre le seuil . . . . 0^m 20

2° Partie immergée 9 50

3° Retenue d'eau 4 80

4° 0 mètre 50 au-dessus 0 50

Hauteur totale . . . . 15^m

Pour les portes d'amont la hauteur sera

1° Battement contre le seuil..................................... 0ᵐ 20

2ᵉ Partie immergée... 9 50

3° 0 mètre 50 en sus.. 0 50

Hauteur totale 10 mètres 20.................................. 10ᵐ 20

Tous les vantaux de porte auront 14 mètres de largeur, ce qui pour un vantail de porte d'aval précité donne une surface de 210ᵐ², et pour un vantail d'une porte d'amont 142ᵐ² 80

L'épaisseur des portes sera d'environ 0 mètre 80, ce qui pour les tenir lèges et flottantes constituera un creux presque d'autant, l'épaisseur de la tôle des parois étant relativement très-minime.

Bien que nous pensions que les portes doivent être en fer, il est cependant possible de les faire en bois dans les mêmes conditions, et en raison de son abondance au Nicaragua, on aurait ainsi une grande économie de matière et de frais de transport; on serait surtout dispensé de l'opération toujours difficile du montage sur les lieux par des ouvriers spéciaux, opération rendue encore d'autant plus difficile par l'insuffisance d'un matériel et d'un personnel spéciaux ne pouvant se trouver partout à la fois où il y aura à monter ces portes.

Emplacements et longueurs des doubles séries d'écluses.

Outre leur développement nécessité par le nombre et la longueur des écluses et des faux-biefs, les doubles séries auront encore en aval et en amont un assez vaste bief d'approche pour permettre aux navires de prendre la file pour l'embectage.

Ces biefs d'approche varieront de longueur selon que les lieux le permettront, et auront la même largeur d'eau que les doubles séries.

Double série du bec du Colorado.

La double série d'écluses du bec du Colorado sera établie en face le bec même sur la rive gauche du fleuve, dans le flanc des collines qui le serrent de très-près, encore assez élevées, et formées par le contrefort qui partant du Mont Rosalia, situé presqu'au milieu du delta, s'étend jusqu'au bec du Juanillo en s'approchant de très-près de celui du Colorado.

Cette double série prendra presque naissance dans le lit du vieux bras du San-Juan, à 300 mètres environ seulement, espace dans lequel se prolongera le chenal qui sera creusé dans le lit du fleuve à niveau des basses mers du Pacifique.

L'extrémité de son bief d'approche ne sera, en effet, qu'à 300 mètres environ de la rive.

La hauteur à franchir en cet endroit est de 24 mètres qui, divisés en 5 écluses, donnent pour chacune une retenue d'eau de 4 mètres 80.

Chaque série aura donc 5 écluses, chacune de 4 mètres 80 de retenue, 4 faux biefs et 10 paires de portes, ce qui fait, pour les deux séries accotées, 10 écluses, 8 faux biefs et 20 paires de portes. Par suite, la double série se trouve avoir en longueur :

1° Prolongement du bajoyer du milieu pour faciliter l'embectage en aval.. .... 70ᵐ

    2° Premières écluses, 200 mètres, ci............................. 200

    3° Premiers faux-biefs intermédiaires, 30 mètres, ci.............. 30

    4° Deuxièmes écluses, 200 mètres, ci.......................... 200

    5° Deuxièmes faux-biefs intermédiaires......................... 30

    6° Troisièmes écluses... 200

    7° Troisièmes faux-biefs intermédiaires........................ 30

    8° Quatrièmes écluses... 200

    9° Quatrièmes faux-biefs intermédiaires........................ 30

    10° Cinquièmes écluses.. 200

11° Prolongement du bajoyer du milieu pour faciliter l'embectage en amont 70

Développement total de cette double série de 5 écluses non compris les chenaux ou biefs d'approche, 1,260 mètres, ci................... 1.260ᵐ

Longueur absolument nécessaire pour une double série de 5 écluses.

Si maintenant on donne à chacun des biefs ou chenaux d'approche d'aval et d'amont ayant la même largeur d'eau que la double série elle-même, une longueur de 220 mètres, par exemple, (plus ou moins selon les facilités qu'offrent les lieux), on trouve que le développement total de la double série et de ses prolongements se trouve ainsi porté à 1,700 mètres. (Cette longueur étant exagérée, nous ne ferons figurer dans les calculs que 1,400 mètres).

Avec cette longueur, la double série du bec du Colorado débouchera en amont dans une forme de vallon laissé par les collines à 2,550 mètres du barrage, auquel elle sera réunie par un petit bief dont les eaux, du côté du fleuve, seront retenues à mi côte par un épaulement en terre.

Au chapitre de l'évaluation des dépenses nous mettrons le chiffre de déblais qu'elle pourra occasionner.

Double série du mont San-Carlos

La double série d'écluses du mont San-Carlos est établie en face cette haute montagne sur la rive opposée du San-Juan (rive gauche) à environ un kilomètre du barrage-déversoir.

Ainsi que nous l'avons déjà dit à la description de ce barrage, elle coupera en ligne droite l'isthme étroit d'une presqu'île très-prononcée que le fleuve forme sur sa rive gauche, obligé qu'il est de se détourner brusquement de la ligne droite pour décrire une courbe qui le rejette sur le mont San-Carlos par l'extrémité d'un contrefort du plateau de la Mosquitie, s'avançant dans son lit comme pour rejoindre cette montagne sur l'autre rive.

Cette disposition des lieux est des plus heureuses tant pour le passage presqu'en ligne droite de la double série, ce qui raccourcit notablement le parcours en cet endroit, que par l'établissement à l'extrémité de la presqu'île du barrage-déversoir qui s'en trouve ainsi à une distance convenable (environ un kilomètre) pour faire disparaître suffisamment les inconvénients d'un voisinage trop immédiat, le bruit notamment, et les perturbations produites par la chute dans les eaux d'aval.

Cette double série prendra naissance en aval par son chenal d'approche dans le lit même du fleuve, et coupera l'isthme, dans sa largeur d'environ 1,000 mètres.

La hauteur à franchir en cet endroit est de 12 mètres qui, divisés en 3 écluses, donnent, pour chacune, une retenue d'eau de 4 mètres.

Chaque série aura donc 3 écluses, chacune de 4 mètres de retenue, 2 faux biefs et 6 paires de portes, ce qui fait pour les deux séries accotées, 6 écluses, 4 faux biefs et 12 paires de portes.

Par suite la double série se trouve avoir en longueur ;

1° Prolongement du bajoyer du milieu pour faciliter l'embectage en aval. 70ᵐ
2° Premières écluses, 200 mètres, ci..................................... 200
3° Premiers faux-biefs, 30 mètres, ci.................................. 30
4° Deuxièmes écluses, 200 mètres ci................................... 200
5° Deuxièmes faux biefs, 30 mètres, ci................................ 30
6° Troisièmes écluses, 200 mètres, ci................................. 200
7° Prolongement du bajoyer du milieu pour faciliter l'embectage en amont... 70

Développement total de la double série non compris les chenaux ou biefs d'approche, 800 mètres, ci.. 800ᵐ

Longueur absolument nécessaire pour une double série de 3 écluses.

Si maintenant on donne à chacun des chenaux ou biefs d'approche d'aval et d'amont, ayant la même largeur d'eau que la double série elle-même, 100 mètres, par exemple, on trouve que le développement total de la double série et de ses prolongements se trouve ainsi porté à 1,000 mètres.

Avec cette longueur, la double série du mont San-Carlos débouchera en amont dans la naissance même de la courbe du fleuve qu'elle supprime pour la navigation, en pleine submersion supérieure.

Au chapitre de l'évaluation des dépenses, nous mettrons le chiffre des déblais qu'elle pourra occasionner.

Double série d'écluses de Rivas.

La double série d'écluses de Rivas sera établie sur la rive gauche du rio Grande, à un endroit où la vallée forme une courbe très-prononcée, contournant le premier contrefort du plateau du Venturon.

Elle prendra naissance en aval par son chenal d'approche dans le lit même du rio Grande, montera la rampe de ce contrefort pour aboutir à l'extrémité du barrage qui vient s'y enraciner en pleine submersion supérieure, formant le prolongement du lac.

La hauteur à franchir en cet endroit est de $14^m 25$ qui, divisés en 3 écluses, donnent, pour chacune, une retenue d'eau de $4^m 75$.

Chaque série aura donc 3 écluses, chacune de $4^m 75$ de retenue d'eau, 2 faux biefs et 6 paires de portes, ce qui fait pour les deux séries accotées, 6 écluses, 4 faux biefs et 12 paires de portes. Par suite, cette double série se trouvera avoir la même longueur que celle du mont San-Carlos.

Au chapitre des dépenses, nous donnerons l'évaluation des déblais qu'elle occasionnera.

Double série d'écluses du mont Venturon.

La double série d'écluses du mont Venturon sera établie en face même de cette montagne, de l'autre côté de la rivière sur sa rive droite.

Elle formera en aval par son chenal d'approche le prolongement du chenal aboutissant au Pacifique, et prendra naissance à des petites sources qui, un peu plus bas vont tomber dans le rio Grande, pour grimper au flanc des derniers versants des montagnes qui, de ce côté, limitent la vallée de la rivière, et aboutir en pleine submersion du bief intermédiaire à l'extrémité du barrage.

La hauteur à franchir en cet endroit est de 23 mètres 75 qui, divisés en cinq écluses, donnent pour chacune une retenue d'eau de 4 mètres 75.

Chaque série aura donc cinq écluses chacune de 4 mètres 75 de retenue, 4 faux biefs et 10 paires de portes, ce qui fait, pour les deux séries accotées, 10 écluses, 8 faux biefs et 20 paires de portes.

Par suite, cette double série se trouvera avoir le même développement que celle du bec du Colorado.

Au chapitre des dépenses nous donnerons l'évaluation des déblais.

CUBAGE DES DÉBLAIS A FAIRE

§ 1er. — Chenal dans le port du Pacifique.

N°s d'ordre.	KILOMÈTRES ET SITUATIONS.	LONGUEURS ayant PLUS QUE LA PROFONDEUR		LONGUEURS à APPROFONDIR.	LARGEUR moyenne.	ÉPAISSEUR moyenne à ENLEVER.	DÉBLAIS en MÈTRES CUBES.
		LONGUEURS.	PROFONDEURS.				
1	Port. 0	450	8m à 12m	450	90	3 »	121.500

§ 2. — Dans le val et le lit du rio Grande, du Pacifique à la double série d'écluses du mont Venturon.

N°s d'ordre.	KILOMÈTRES ET SITUATIONS.	LONGUEURS.	PROFONDEURS.	LONGUEURS à APPROFONDIR.	LARGEUR moyenne.	ÉPAISSEUR moyenne à ENLEVER.	DÉBLAIS en MÈTRES CUBES.
1	1	»	»	320	50	10. »	160.000m3
2	1	»	»	480	Id.	12. »	288.000
3	2, 3, Brito.	»	»	1.760	Id.	14.50	1.276.000
4	3	»	»	590	Id.	18. »	531.000
	Totaux.......	....	....	3.150	.....	....	2.255.000

§ 3. — Partie submergée du lit du rio Grande devant être en partie approfondie jusqu'à la jonction avec la tranchée du seuil de Rivas.

N°s d'ordre.	KILOMÈTRES ET SITUATIONS.	LONGUEURS.	PROFONDEURS.	LONGUEURS à APPROFONDIR.	LARGEUR moyenne.	ÉPAISSEUR moyenne à ENLEVER.	DÉBLAIS en MÈTRES CUBES.
1	13, 14, 15, Las Sinoas.	»	»	2.360	50	5.25	619.500

§ 4. — Tranchée du massif du seuil de Rivas.

N°s d'ordre.	KILOMÈTRES ET SITUATIONS.	LONGUEURS.	PROFONDEURS.	LONGUEURS à APPROFONDIR.	LARGEUR moyenne.	ÉPAISSEUR moyenne à ENLEVER.	DÉBLAIS en MÈTRES CUBES.
1	16	»	»	200	54	11. »	118.800
2		»	»	180	Id.	12. »	116.640
3		»	»	200	Id.	13. »	140.400
4		»	»	200	Id.	14. »	151.200
5		»	»	100	Id.	14.50	78.300
	A reporter......	....	....	880	.....	....	605.340

N°s d'ordre.	KILOMÈTRES ET SITUATIONS.	LONGUEURS ayant PLUS QUE LA PROFONDEUR		LONGUEURS à APPROFONDIR.	LARGEUR moyenne.	ÉPAISSEUR moyenne à ENLEVER.	DÉBLAIS en MÈTRES CUBES.
		LONGUEURS.	PROFONDEURS.				
	Report........	»	»	880	»	»	605.340
6		»	»	160	54	15.50	133.920
7		»	»	190	Id.	16.50	169.290
8		»	»	120	Id.	17. »	110.160
9		»	»	130	Id.	18. »	126.360
10		»	»	440	Id.	20.50	487.080
11		»	»	410	Id.	22.50	498.150
12		»	»	150	Id.	23. »	186.300
13	Sommet du seuil.	»	»	150	Id.	23.50	190.350
14	Chocolate.	»	»	330	Id.	23 »	409.860
15		»	»	450	Id.	22.50	546.750
16		»	»	470	Id.	22. »	558.360
17		»	»	530	Id.	20. »	572.400
18		»	»	170	Id.	19. »	174.420
19		»	»	1.400	Id.	19. »	1.436.400
20		»	»	450	Id.	17.50	425.250
21		»	»	650	Id.	17. »	596.700
22		»	»	200	Id.	17. »	183.600
23		»	»	220	Id.	17. »	201.960
24		»	»	280	Id.	17.125	258.930
25		»	»	100	Id.	16.625	89.775
26		»	»	400	Id.	15.50	334.800
27	San-Pablo.	»	»	600	Id.	14. »	453.600
28		»	»	520	Id.	13.50	379.080
29		»	»	880	Id.	12.50	594.000
30		»	»	160	Id.	11.50	99.360
31		»	»	40	Id.	10.50	22.680
	Totaux de la tranchée du massif du seuil			10.480ᵐ			9.844.875ᵐ³

Nos d'ordre.	KILOMÈTRES ET SITUATIONS.	LONGUEURS ayant PLUS QUE LA PROFONDEUR		LONGUEURS à APPROFONDIR.	LARGEUR moyenne.	ÉPAISSEUR moyenne à ENLEVER.	DÉBLAIS en MÈTRES CUBES.
		LONGUEURS.	PROFONDEURS.				

Récapitulation de la traversée de l'isthme de Rivas du Pacifique au lac, sans y comprendre les extractions des doubles séries.

1ment. Chenal pour arriver à la double série d'écluses du Venturon.   2,255,000^{m3}

2ment. Partie submergée du lit du rio Grande....................   619,500

3ment. Tranchée du massif du seuil de Rivas....................   9,844,875

TOTAL............... 12,719,375

TRAVERSÉE DU LAC DE NICARAGUA

§ 1er. — Chenal dans le lac à San-Pablo.

Nos d'ordre.	KILOMÈTRES ET SITUATIONS.	LONGUEURS.	PROFONDEURS.	LONGUEURS à APPROFONDIR.	LARGEUR moyenne.	ÉPAISSEUR moyenne à ENLEVER.	DÉBLAIS en MÈTRES CUBES.
1	26, Port			150	90	6.50	87.750
2	27			850	Id.	1.75	133.875
				1.000			221.620

§ 2 — Chenal dans le lac San-Carlos.

Nos d'ordre.	KILOMÈTRES ET SITUATIONS.	LONGUEURS.	PROFONDEURS.	LONGUEURS à APPROFONDIR.	LARGEUR moyenne.	ÉPAISSEUR moyenne à ENLEVER.	DÉBLAIS en MÈTRES CUBES.
1	106	»	»	800	90	0.25	18.000
2		»	»	800	Id.	0.50	36.000
3		»	»	2.400	Id.	1. »	216.000
4		»	»	400	Id.	1.50	54.000
5		»	»	700	Id.	2.50	157.500
6		»	»	200	Id.	4. »	72.000
7		»	»	200	Id.	4. »	72.000
8	112	»	»	300	Id.	3.05	82.350
				5.800			707 850

Nᵒˢ d'ordre.	KILOMÈTRES ET SITUATIONS.	LONGUEURS ayant PLUS QUE LA PROFONDEUR		LONGUEURS à APPROFONDIR.	LARGEUR moyenne.	ÉPAISSEUR moyenne à ENLEVER.	DÉBLAIS en MÈTRES CUBES.
		LONGUEURS.	PROFONDEURS.				

Récapitulation de la traversée du lac.

La traversée du lac est de 85,600 mètres, ci.....................	85,600ᵐ
Il y a à approfondir sur ce parcours : 1° à San-Pablo.... 1,000ᵐ 2° à San-Carlos ... 5,800ᵐ	6,800
Reste qu'il n'y a pas à approfondir..........................	78,800
Les 6,800 mètres à approfondir donnent : 1° à San-Pablo........	221,620ᵐ ³
2° à San-Carlos ....:....	707,850ᵐ ³
TOTAL des mètres cubes de déblais dans le lac...................	929,470ᵐ ³

VALLÉE DU SAN-JUAN

Le plafond du cours supérieur du San-Juan sera abaissé au-dessous de l'étiage actuel du lac à 7 mètres 50 qui, avec 2 mètres de surélévation de cet étiage pour le porter au niveau des grandes eaux du lac par suite du règlement à ce niveau au moyen du barrage-déversoir du mont San-Carlos, porteront à 9 mètres 50 le minimum de profondeur d'eau sur tout le parcours de cette partie submergée de la vallée.

La largeur minima sera de 50 mètres, et pourra être indiquée sur toutes les parties à approfondir par deux lignes de pieux en bordure, reliés entre eux, formant estacade, et épaulés par d'autres pieux posés obliquement à l'extérieur de distance en distance. Ces pieux seront vissés dans le sol.

§ 1ᵉʳ. — Cours supérieur du San-Juan.

Nᵒˢ d'ordre.	KILOMÈTRES ET SITUATIONS.	LONGUEURS.	PROFONDEURS.	LONGUEURS à APPROFONDIR.	LARGEUR moyenne.	ÉPAISSEUR moyenne à ENLEVER.	DÉBLAIS en MÈTRES CUBES.
1	106 Origine du San-Juan.	»	»	410	50	2.15	44.075
2		»	»	340	Id.	1.35	22.950
3	113 Rio Frio, San-Carlos.	»	»	370	Id.	1.30	24.050
4	114	»	»	230	Id.	1.55	19.825
5		»	»	250	Id.	1.80	22.500
	A reporter........	....	....	1,600	......	....	133.400

10

Nᵒˢ d'ordre.	KILOMÈTRES ET SITUATIONS.	LONGUEURS ayant PLUS QUE LA PROFONDEUR		LONGUEURS à APPROFONDIR.	LARGEUR moyenne.	ÉPAISSEUR moyenne à ENLEVER.	DÉBLAIS en MÈTRES CUBES.
		LONGUEURS.	PROFONDEURS.				
	Report........	»	»	1,600	»	»	133.400
6	115	»	»	250	50	2.10	26.250
7		»	»	350	Id.	1.55	27.125
8		»	»	350	Id.	1.25	21.875
9	116	»	»	400	Id.	1.80	36.000
10		»	»	300	Id.	2.10	31.500
11		»	»	150	Id.	2.55	19.125
12		»	»	330	Id.	2.55	42.075
13	117	»	»	320	Id.	2.10	33.600
14		»	»	380	Id.	2.60	49.400
15		»	»	280	Id.	3.10	43.400
16	118	»	»	340	Id.	1.55	26.355
17		»	»	350	Id.	».55	9.625
18		»	»	250	Id.	2.05	25.625
19	119	»	»	200	Id.	3. »	30.000
20		»	»	300	Id.	2.85	42.750
21		»	»	250	Id.	2.85	35.625
22		»	»	250	Id.	2.80	35.000
23	120	»	»	170	Id.	2.05	17.425
24		»	»	410	Id.	1.30	26.650
25		»	»	220	Id.	».90	9.900
26		»	»	300	Id.	1.10	16.500
27	121	»	»	300	Id.	1.30	19.500
28		»	»	220	Id.	1.05	11.550
29		»	»	160	Id.	1.75	14.000
30		»	»	120	Id.	2.80	16.800
31		»	»	150	Id.	3.30	24.750
32	122	»	»	130	Id.	3.30	21.450
33		»	»	320	Id.	2.30	36.800
34		»	»	350	Id.	1.75	30.625
35		»	»	250	Id.	2.55	31.875
36	123	»	»	400	Id.	2.30	46.000
37		»	»	290	Id.	1.25	18.125
38		»	»	210	Id.	2. »	21.000
39	124	»	»	260	Id.	2.90	37.700
	À reporter......	....	....	»	.....	....	»»

Nᵒˢ d'ordre.	KILOMÈTRES ET SITUATIONS.	LONGUEURS ayant PLUS QUE LA PROFONDEUR		LONGUEURS à APPROFONDIR.	LARGEUR moyenne.	ÉPAISSEUR moyenne à ENLEVER.	DÉBLAIS en MÈTRES CUBES.
		LONGUEURS.	PROFONDEURS.				
	Report........	»	»	»	»	»	» »
40		»	»	200	50	2.65	26.500
41	Rio Macherito.	»	»	290	Id.	2.75	39.875
42		»	»	150	Id.	2.75	20.625
43	125	»	»	250	Id.	2.15	26.875
44		»	»	230	Id.	».90	10.350
45	Rio Pelon.	280	8ᵐ	190	Id.	1.50	14.250
46		»	»	220	Id.	3.25	35.750
47	126	»	»	380	Id.	1.75	33.250
48		330	8ᵐ 50	280	Id.	1. »	14.000
49	127	»	»	190	Id.	2.25	20.375
50		»	»	200	Id.	1.25	25.000
51		430	7ᵐ 50	220	Id.	2.35	25.850
52	128	»	»	150	Id.	4.10	30 750
53		»	»	150	Id.	2.25	16.875
54		»	»	300	Id.	».55	8.250
55		»	»	260	Id.	0.05	650
56	129	»	»	220	Id.	».30	3.300
57		»	»	280	Id.	».55	7.700
58	Rio Mosquito.	»	»	320	Id.	».75	12.000
59		»	»	220	Id.	1.40	15.800
60	130	»	»	300	Id.	1.80	27.000
61		»	»	450	Id.	1.10	24.750
62		»	»	240	Id.	».55	6.600
63	131	»	»	250	Id.	1.10	13.750
64		»	»	210	Id.	1.05	11.025
65		»	»	150	Id.	».30	2.250
66	132	880	7ᵐ 90	220	Id.	».35	3.850
67		»	»	250	Id.	».85	10.625
68		»	»	150	Id.	».75	5.625
69	133	»	»	100	Id.	».30	1.500
70	Rio Palo del Arco.	»	»	200	Id.	».60	6.000
71		»	»	200	Id.	1.10	11.000
72		»	»	200	Id.	1.30	13.000
73		»	»	250	Id.	1.80	22.500
	A reporter........	....	....	»	....	....	» »

N°ˢ d'ordre.	KILOMÈTRES ET SITUATIONS.	LONGUEURS ayant PLUS QUE LA PROFONDEUR		LONGUEURS à APPROFONDIR.	LARGEUR moyenne.	ÉPAISSEUR moyenne à ENLEVER.	DÉBLAIS en MÈTRES CUBES.
		LONGUEURS	PROFONDEURS.				
	Report........	»	»	»	»	0	» »
74	134	»	»	200	50	2.10	21.000
75		»	»	200	Id.	2.30	23.000
76		»	»	200	Id.	2.75	27.500
77		»	»	150	Id.	3. »	22.500
78		»	»	150	Id.	2.85	21.375
79		»	»	160	Id.	2.75	22.000
80	135	»	»	340	Id.	2.15	36.550
81		»	»	380	Id.	1.05	19.950
82	136	»	»	320	Id.	».35	5.600
83		»	»	380	Id.	».95	18.050
84		»	»	460	Id.	1.40	32.200
85	137	»	»	160	Id.	».50	4.000
86		450	7ᵐ 80	250	Id.	0.05	625
87		»	»	250	Id.	1.55	19.375
88	138	»	»	350	Id.	1.80	31.500
89		»	»	250	Id.	».30	3.750
90	139	150	7 70	320	Id.	».85	13.600
91		»	»	330	Id.	».85	14.025
92	140	250	7 70	420	Id.	1.35	28.350
93	Ile Grande.	»	»	180	Id.	2.35	21.150
94		»	»	230	Id.	1.95	22.425
95		»	»	510	Id.	1.80	45.900
96	141	»	»	180	Id.	1.40	12.600
97		»	»	130	Id.	1.30	8.450
98	Rio Negro.	»	»	160	Id.	1.10	8.800
99		»	»	280	Id.	».35	4.900
100		400	7 50	370	Id.	».05	925
101		»	»	290	Id.	».25	3.625
102		»	»	110	Id.	».75	4.125
103		»	»	90	Id.	1. »	4.500
104	143	»	»	470	Id.	1.25	29.375
105	Ile Chica.	»	»	230	Id.	2. »	23.000
106		»	»	250	Id.	1.65	20.625
107	144	»	»	200	Id.	».40	4.000
	A reporter........	....	....	»	.....	....	» »

	N°s d'ordre.	KILOMÈTRES ET SITUATIONS.	LONGUEURS ayant PLUS QUE LA PROFONDEUR		LONGUEURS à APPROFONDIR.	LARGEUR moyenne.	ÉPAISSEUR moyenne à ENLEVER.	DÉBLAIS en MÈTRES CUBES.
			LONGUEURS	PROFONDEURS.				
		Report........	»	»	»	»	»	» »
	108		100	7^m 70	140	50	».40	2.800
	109		»	»	140	Id.	».95	6.650
	110		»	»	240	Id.	1.10	13.200
	111		»	»	230	Id.	».55	6.325
	112	145	920	9^m »	330	Id.	».40	6.600
	113	146 Rio Rondal.	550	9^m »	70	Id.	».40	1.400
	114	147	»	»	300	Id.	».80	12.000
	115		»	»	150	Id.	».40	3.000
	116	147 à 151 Rios Saballos del Sur et del Norte.	4,330	11^m 50	350	Id.	».40	7.000
	117	152	350	7 70	300	Id.	0.05	750
	118	153	350	7 70	250	Id.	».25	3.125
	119		100	7 60	180	Id.	1.15	10.350
	120		»	»	180	Id.	1.80	16.200
	121	154	»	»	390	Id.	1.45	28.275
	122		»	»	200	Id.	».55	5.500
RAPIDE DU TORO.	123	155 Rapide du Toro.	1,300	10^m 70	390	Id.	2.50	48.750
	124	156	»	»	110	Id.	4.90	26.950
	125		»	»	330	Id.	3.15	51.975
	126		»	»	180	Id.	1.80	16.200
	127		»	»	140	Id.	1.45	10.150
	128		»	»	230	Id.	».80	9.200
	129	157	»	»	150	Id.	».40	3.000
	130		»	»	270	Id.	».25	3.375
	131		»	»	150	Id.	».75	5.625
	132		»	»	100	Id.	».50	2.500
	133	158	1,000	8 70	150	Id.	0.05	375
Rapide de Castillo	134	170 Rapide de Castillo	11,880	13 50	70	Id.	0.40	1.400
	135		»	»	220	Id.	».75	8.250
	136	171	»	»	180	Id.	».75	6.750
	137		»	»	100	Id.	».25	1.250
		A reporter........	....	....	»	....		» »

Colonne LONGUEURS à APPROFONDIR : accolade « 2,200 mètres. » (n°s 123 à 133) et « 570 mètres. » (n°s 134 à 137).
Colonne DÉBLAIS : accolade « 178,100 m³ » (n°s 123 à 133) et « 17,650 m³ » (n°s 134 à 137).

<table>
<tr><td rowspan="2">N^{os}
d'ordre.</td><td rowspan="2">KILOMÉTRES ET SITUATIONS.</td><td colspan="2">LONGUEURS ayant
PLUS QUE LA PROFONDEUR</td><td rowspan="2">LONGUEURS
à
APPROFONDIR.</td><td rowspan="2">LARGEUR
moyenne.</td><td rowspan="2">ÉPAISSEUR
moyenne
à
ENLEVER.</td><td rowspan="2">DÉBLAIS
en
MÈTRES CUBES.</td></tr>
<tr><td>LONGUEURS</td><td>PROFONDEURS.</td></tr>
<tr><td></td><td>Report........</td><td>»</td><td>»</td><td>»</td><td>»</td><td>»</td><td>|» »</td></tr>
<tr><td>138</td><td>177 Rapide de Mico.</td><td>5,750</td><td>10 70</td><td>100</td><td>50</td><td>».05</td><td>250</td></tr>
<tr><td>139</td><td></td><td>»</td><td>»</td><td>200</td><td>Id.</td><td>».10</td><td>1.000</td></tr>
<tr><td>140</td><td></td><td>»</td><td>»</td><td>270</td><td>Id.</td><td>».30</td><td>4.050</td></tr>
<tr><td>141</td><td></td><td>»</td><td>»</td><td>530</td><td>Id.</td><td>».75</td><td>19.875</td></tr>
<tr><td>142</td><td></td><td>»</td><td>»</td><td>700</td><td>Id.</td><td>».75</td><td>26.250</td></tr>
<tr><td>143</td><td></td><td>»</td><td>»</td><td>360</td><td>Id.</td><td>».50</td><td>9.000</td></tr>
<tr><td>144</td><td>180</td><td>»</td><td>»</td><td>140</td><td>Id.</td><td>».25</td><td>1.750</td></tr>
<tr><td></td><td>T_{OTAUX}........</td><td>29,800</td><td></td><td>36,250</td><td></td><td></td><td>2.575.325</td></tr>
</table>

Note marginale : « RAPIDE DE MICO. » ; « 2,300 mètres. » (colonne LONGUEURS à APPROFONDIR) ; « 62,175^{ms} » (colonne DÉBLAIS).

Déblais immédiatement après la double série d'écluses de San-Carlos,

<table>
<tr><td>N^{os} d'ordre.</td><td>KILOMÈTRES ET SITUATIONS.</td><td>LONGUEURS</td><td>PROFONDEURS.</td><td>LONGUEURS à APPROFONDIR.</td><td>LARGEUR moyenne.</td><td>ÉPAISSEUR moyenne à ENLEVER.</td><td>DÉBLAIS en MÈTRES CUBES.</td></tr>
<tr><td>1</td><td></td><td>»</td><td>»</td><td>550</td><td>50</td><td>1.35</td><td>37.125</td></tr>
<tr><td>2</td><td></td><td>»</td><td>»</td><td>250</td><td>Id.</td><td>1. »</td><td>12.500</td></tr>
<tr><td>3</td><td></td><td>»</td><td>»</td><td>140</td><td>Id.</td><td>1.05</td><td>7.350</td></tr>
<tr><td>4</td><td></td><td>»</td><td>»</td><td>260</td><td>Id.</td><td>1.35</td><td>17.550</td></tr>
<tr><td>5</td><td></td><td>»</td><td>»</td><td>700</td><td>Id.</td><td>1.55</td><td>54.250</td></tr>
<tr><td>6</td><td></td><td>»</td><td>»</td><td>140</td><td>Id.</td><td>1.65</td><td>11.550</td></tr>
<tr><td>7</td><td></td><td>»</td><td>»</td><td>440</td><td>Id.</td><td>1.45</td><td>31 900</td></tr>
<tr><td>8</td><td></td><td>»</td><td>»</td><td>300</td><td>Id.</td><td>1.40</td><td>21.000</td></tr>
<tr><td>9</td><td></td><td>»</td><td>»</td><td>480</td><td>Id.</td><td>1.65</td><td>39.600</td></tr>
<tr><td>10</td><td></td><td>»</td><td>»</td><td>460</td><td>Id.</td><td>1.30</td><td>29.900</td></tr>
<tr><td>11</td><td></td><td>»</td><td>»</td><td>160</td><td>Id.</td><td>».35</td><td>2.800</td></tr>
<tr><td>12</td><td></td><td>»</td><td>»</td><td>500</td><td>Id.</td><td>».35</td><td>8.750</td></tr>
<tr><td>13</td><td></td><td>»</td><td>»</td><td>100</td><td>Id.</td><td>».05</td><td>250</td></tr>
<tr><td>14</td><td></td><td>»</td><td>»</td><td>560</td><td>Id.</td><td>».10</td><td>2.800</td></tr>
<tr><td>15</td><td></td><td>»</td><td>»</td><td>200</td><td>Id.</td><td>».05</td><td>500</td></tr>
<tr><td>16</td><td></td><td>»</td><td>»</td><td>400</td><td>Id.</td><td>».05</td><td>1.000</td></tr>
<tr><td></td><td>T_{OTAUX}........</td><td>.........</td><td>.........</td><td>5,640</td><td></td><td></td><td>278.825</td></tr>
</table>

Déblais dans le lit du vieux bras du San-Juan pour creuser le chenal du bec du Colorado à l'Atlantique.

Ce chenal aura 24,050 mètres de longueur et 50 mètres de largeur.

L'épaisseur maxima à enlever sera de 8 mètres, celle minima de 1 mètre, ce qui donne une moyenne d'environ 4 mètres 50.

On a ainsi $24,050^m \times 50^m = 1,202,500^{m²} \times 4^m 50 = 5,411,250^{m³}$.

Chenal pour faciliter l'entrée du port de San-Juan del Norte à la pointe Castillo.

Ce chenal sera à creuser sur environ 400 mètres de longueur, 90 mètres de largeur moyenne, et la couche à enlever aura une épaisseur moyenne d'environ 3 mètres.

On a ainsi $400^m \times 90^m = 36,000^{m²} \times 3^m = 108,000$ mètres cubes.

Déblais occasionnés par les extractions pour creuser les doubles séries d'écluses dans le rocher.

§ 1ᵉʳ. — DOUBLE SÉRIE DE CINQ ÉCLUSES DU MONT VENTURÒN.

Premièrement. — Découvert du rocher sur

Longueur y compris les approches nécessaires à l'amont et à l'aval pour faciliter l'embectage, 1,400 mètres,

Largeur moyenne, 100 mètres,

Epaisseur moyenne, 3 mètres.

D'où il résulte qu'on a pour enlèvement des terres $1,400^m \times 100 = 140,000^{m²} \times 3^m = 420,000^{m³}$ de terre, ci 420,000ᵐˢ

Deuxièmement. — Enlèvement d'une première couche de rocher pour unir les surfaces des écluses avant que d'en faire la fouille sur

Longueur, 1,400 mètres,

Largeur, 96 mètres,

Epaisseur moyenne, 1ᵐ,

Ce qui donne pour cubage de cette première couche $1,400^m \times$ par $96^m = 134,400^{m²} \times 1^m =$ 134,400ᵐˢ

Troisièmement. — Fouilles des écluses à 10 mètres de profondeur.

Toute la surface ci-dessus de 134,400ᵐ², ci 134,400ᵐˢ

moins les bajoyers (les deux de côté et celui du milieu),

soit donc pour

1° Bajoyer du milieu,

A *reporter* 134,400ᵐˢ   554,400ᵐˢ

Report.............. 134,400^{m2} 554,400^{m3}

936^m n'ayant que 12^m de largeur, ce qui donne une superficie de............................ 11,232^{m2}

160^m n'ayant que 18^m de largeur, ce qui
donne une superficie de.................. 2,880^{m2}

164^m ayant 20^m de largeur, ce qui donne
une superficie de....................... 3,280^{m2}

Superficie totale du bajoyer du milieu. 17,392^{m2}

2° Bajoyers de côté, un,
164^m ayant 12^m de largeur, ce qui donne
une superficie de............... 1,968^{m2}

160^m ayant 11^m de largeur, ce qui
donne une superficie de......... 1,760^{m2}

Et 1,076^m n'ayant que 8^m de largeur, ce qui donne une superficie de 8,608^{m2}

Superficie totale pour un des ba-
joyers de côté.................. 12,336^{m2} = 12,336^{m2}

Autant pour l'autre bajoyer de côté....... 12,336

Superficie totale des trois bajoyers........ 42,064^{m2} = 42,064^{m2}

En retranchant cette superficie de la surface totale de
la double série d'écluses et de ses abords, on trouve qu'il

n'y a plus à creuser qu'une superficie de............. 92,336^{m2}

à 10 mètres de profondeur, ce qui donne en mètres cubes .... 923,360^{m3}

Aqueducs d'introduction de l'eau à travers les têtes d'écluses.

Longueurs d'un côté : 2 longueurs de 34^m =.............. 68^m

4 longueurs de 64 mètres = ... 256

Ensemble pour un côté.............................. 324

Soit pour quatre côtés 324 × 4 = 1,296 mètres à 2 mètres de hau-
teur sur 2 mètres de largeur, soit 2 × 2 = 4^{m2} × 1,296^m = 5184^{m3}, ci 5,184^{m3}

Total des déblais en mètres cubes (terre et rocher).... 1,482,944

Dont 420,000^{m3} en terre, et le surplus ou 1,062,944 mètres cubes de déblais
rocheux.

§ 2. — DOUBLE SÉRIE DE CINQ ÉCLUSES DU BEC DU COLORADO.

Pour la double série de cinq écluses du bec du Colorado, les calculs sont absolument les mêmes que pour celle du mont Venturon, sauf qu'il y a en plus l'approfondissement du chenal supérieur conduisant des séries d'écluses à la tête de la digue.

Ce chenal aura 2,550 mètres de longueur et 50 mètres de largeur au moins.

Les terres provenant des fouilles seront rejetées du côté de la vallée pour former épaulement afin de retenir les eaux.

L'épaisseur moyenne des terres à rejeter ainsi du côté de la vallée pour en former une digue latérale sera de 3^m pour atteindre un tirant d'eau de 9^{m}50.

On a ainsi 2,550^m × 50^m = 127,500^{m2} × 3^m = 382,500^{m3}, ci...... 382,500

A quoi ajoutant le montant des déblais de la double série tel qu'au mont Venturon, soit.. 1,482,944^{m3}

On trouve que la double série de cinq écluses du bec du Colorado et le chenal de sa mise en communication avec le bief intermédiaire occasionnent 1,865,444 mètres cubes de déblais.................. 1,865,444^{m3}

Dont 802,500 mètres cubes de déblais en terre et le surplus ou 1,062,944 mètres cubes de déblais rocheux.

§ 3. — DOUBLE SÉRIE DE TROIS ÉCLUSES DE RIVAS

Premièrement. — Découvert du rocher sur : Longueur y compris les approches nécessaires à l'amont et en aval pour faciliter l'embectage, 1,000 mètres,

Largeur moyenne, 100 mètres,

Epaisseur moyenne, 3 mètres.

D'où il résulte qu'on a pour enlèvement des terres sur rocher 1,000^m × 100^m = 100,000^{m2} × 3 = ... 300,000^{m3}

Deuxièmement. — Opération de nivellement du rocher 1^m d'épaisseur moyenne sur 96^m de largeur et toujours 1,000^m de longueur.

Ce qui donne 1,000^m × 96^m = 96,000^{m2} × 1^m = 96,000^{m3}, ci..... 96,000^{m3}

Troisièmement. — Fouille des écluses à 10^m de profondeur.

Toute la surface ci-dessus de 96,000^{m2}, ci........... 96,000^{m2} moins les trois bajoyers dont il y a à retrancher les surfaces.

A reporter.................. 96,000^{m2} 396,000^{m3}

$$\text{Report} \dots \dots \dots \dots \dots \quad 96,000^{m^2} \quad 396,000^{m^3}$$

Soit pour le bajoyer du milieu,

618^m n'ayant que 12^m de largeur, soit en super-ficie. . . . . 7,416^{m²}

96^m n'ayant que 18^m de largeur, soit en su-perficie. . . . . 1,728^{m²}

100^m ayant 20^m de largeur, soit en superficie. 2,000^{m²}

Total de la superficie du bajoyer du milieu. 11,144^{m²}

Bajoyers de côté, un

100^m ayant 12^m de larg., $100 \times 12 = 1,200^{m²}$

96^m n'ayant que 11^m de largeur, 96

$\times 11 = $ . . . . 1,056^{m²}

Et 804^m n'ayant que 8^m de largeur,

$804 \times 8 = $ . . . . 6,432^{m²}

Total en superficie pour un des bajoyers de côté. . . . . 8,688^{m²} = 8,688^{m²}

Autant pour celui de l'autre côté . . . . 8,688^{m²}

Superficie totale des trois bajoyers. . . . . 28,520^{m²} = 28,520^{m²}

En retranchant cette superficie de celle totale, il reste à fouiller . . . . 67,480^{m²}

A dix mètres de profondeur, soit 674,800 mètres cubes, ci. . . . . 674,800^{m³}

Aqueducs des vannes d'introduction de l'eau à travers les têtes d'écluse.

Longueurs d'un côté : 2 longueurs de 34^m = ... 68^m

2 longueurs de 64 mètres = ... 128^m

Ensemble pour un côté. . . . . 196^m

Et pour les 4 côtés, soit $196^m \times 4 = 784$ mètres de longueur, à 2^m de hauteur sur 2^m de largeur, soit $2 \times 2 = 4^{m²} \times 784^m = $ . . . . . 3,136^{m³}

Total des mètres cubes de déblais, 1,073,936, ci. . . . . 1,073,936^{m³}

dont 300,000 mètres cubes en terre et le surplus ou 773,936 mètres cubes en rocher.

§ 4. — DOUBLE SÉRIE DE TROIS ÉCLUSES DU MONT SAN-CARLOS

Pour cette double série, toutes les dimensions sont les mêmes que pour celle de Rivas, le chiffre des déblais devra donc être à peu près le même, soit 1,073,936 mètres cubes.

Récapitulation générale de tous les déblais à faire.

1° Chenal dans le port sur le Pacifique, 90^m de largeur moyenne. 121,500$^{m^s}$

2° Chenal dans le val et le lit du rio Grande, du Pacifique à la double série de cinq écluses du mont Venturon, largeur moyenne 50 mètres 2,255,000

3° Approfondissement dans la partie submergée du rio Grande, largeur 50 mètres....................................... 619,500

4° Tranchée du massif du seuil de Rivas, largeur moyenne 54^m. 9,844,875

5° Chenal dans le lac à San-Pablo, largeur moyenne 90 mètres.................................... 221,620⎫

6° Chenal dans le lac à San-Carlos, largeur moyenne 90 mètres.................................... 707,850⎭ 929,470

7° Déblais dans le cours supérieur du San-Juan, largeur 50 m.. 2,575,325

8° Déblais en aval de la double série de 3 écluses du mont San-Carlos, largeur 50 mètres......................... 278,825

9° Déblais dans le vieux bras du San-Juan pour creuser le chenal conduisant de la double série de cinq écluses du bec du Colorado à San-Juan del Norte, largeur 50 mètres.................. 5,411,250

10° Chenal du port San-Juan del Norte, largeur moyenne 90^m... 108,000

Total en mètres cubes des déblais à extraire sans ceux des doubles séries d'écluses..................................... 22,143,745$^{m^s}$

DOUBLES SÉRIES D'ÉCLUSES.

1° Double série de cinq écluses du mont Venturon. 1,482,944$^{m^s}$

2° Double série de cinq écluses du bec du Colorado et chenal supérieur d'approche................... 1,865,444

3° Double série de trois écluses de Rivas......... 1,073,936

4° Double série de trois écluses du mont San-Carlos 1,073,936

Total des déblais pour les 4 doubles séries d'écluses 5,496,260$^{m^s}$ = 5,496,260$^{m^s}$

Total général des déblais à faire pour la construction du canal 27,640,005 mètres cubes en terre, limons et rocher............. 27,640,005$^{m^s}$

Dans tous les projets antérieurs, les déblais à faire, pour atteindre 8 mètres de tirant d'eau seulement, auraient certainement dépassé 34,000,000 de mètres cubes de déblais, en y comprenant les fouilles en lit de rivière des fondations des écluses, et l'extraction dans les montagnes des matériaux nécessaires pour les constructions des digues et des écluses, d'où une différence en moins, en faveur du présent projet, tout en atteignant 9 mètres 50 de tirant d'eau utile, d'environ 6 millions et demi de mètres cubes.

Cette différence résulte tant de la submersion en grand de la vallée du San-Juan et de celle du rio Grande, que de la surélévation du niveau du plan d'eau d'étiage du lac, au niveau de ses grandes eaux, ce qui permet d'abaisser de 2 mètres de moins le plafond des parties à canaliser du bief supérieur.

Répartition des déblais en terre et limons, d'une part, et roches, d'autre part,

§ 1ᵉʳ. — TERRE ET LIMONS.

1° Chenal dans le Pacifique (à la drague pour être conduit par bateau à la mer), 121,500ᵐˢ, ci.................................... 121,500ᵐˢ

2° Chenal conduisant du Pacifique aux écluses du mont Venturon, sur 2,255,000 mètres cubes, environ 255,000ᵐˢ en terre et limons, surplus en rocher.................................... 255,000

(A extraire à la pioche, et devant servir à rehausser la vallée et à détourner le rio Grande pour qu'il ne gêne pas les travaux).

3° Dans le lit du rio Grande, à sa jonction avec la tranchée du seuil de Rivas, sur 619,500ᵐˢ, environ 319,500ᵐˢ en terre et limons, le surplus en rocher, ci.................................... 319,500

(A peu près tout à la pioche pour être mis dans les parties submergées inutiles se trouvant en dehors du chenal).

4° Tranchée du seuil de Rivas; sur 9,844,875ᵐˢ de déblais environ 844,875ᵐˢ en terre, surplus en roches, ci.................... 844,875

(A la pioche, pour être conduit dans les vallées adjacentes).

5° Dans le lac à San-Pablo et à San-Carlos, tout en limon, ci... 929,470

(A la drague pour être jeté dans le lac).

6° Cours supérieur du San-Juan; il n'y aura guère de roches qu'aux rapides, soit cependant environ 575,325ᵐˢ de roches par suite il resterait en limon.................................... 2,000,000

(Jetés chaque côté par les dragues directement).

7° Sous la double série d'écluses du mont San-Carlos, tout limon.................................... 278,825

(Jetés chaque côté par les dragues directement).

A reporter.................... 4,749,170ᵐˢ

Report......................	4,749,170^{m3}

8° Déblais dans le vieux bras du San-Juan, tout limon......... 5,411,250
(Jetés sur les côtés par les dragues directement).

9° Chenal à l'entrée du port de San-Juan del Norte, tout limon. 108,000
(A la drague jeté à la mer par bateau).

10° Double série de 5 écluses du mont Venturon; sur 1,482,944^{m3} de déblais, 420,000^{m3} seront en terre, le surplus en roches....... 420,000
(A la pioche pour être rejeté sur le côté dans la vallée).

11° Double série de 5 écluses du bec du Colorado, et chenal supérieur y aboutissant; sur 1,865,444^{m3}, 802,500^{m3} seront en terre et le surplus en roches.................................... 802,500

12° Double série de 3 écluses de Rivas; sur 1,073,936^{m3} de déblais 300,000^{m3} seront en terre et le surplus en roches, ci........ 300,000
(Pour ces deux dernières à la pioche pour être rejeté sur le côté dans la vallée).

13° Double série de 3 écluses du mont San-Carlos, même quantité... 300,000
(A la pioche pour être en partie rejeté sur les côtés et conduit par wagons dans les vallées ou en lit de rivière).

Total des déblais en terre et limons, 12,090,920^{m3}............. 12,090,920

§ 2. — ROCHES.

1° Chenal conduisant du Pacifique aux écluses du mont Venturon 2,000,000
(1,400,000^{m3} seront employés à faire les digues du port sur le Pacifique et le surplus utilisé au port).

2° Double série de 5 écluses du mont Venturon.............. 1,062,944
(Utilisés en grande partie à la construction du barrage du Venturon).

3° Double série de 3 écluses de Rivas..................... 773,936
(Utilisés en grande partie à la construction du barrage de Rivas).

4° Dans le lit du rio Grande à la jonction avec la tranchée..... 300,000
(Conduits au lac pour les digues du port San-Pablo).

5° Tranchée du seuil de Rivas............................ 9,000,000
(Conduits au lac pour les digues du port San-Pablo et réserve pour besoins).

A reporter...................	13,136,880^{m3}

Report...................... 13,136,880^{m³}

6° Dans le cours supérieur du San-Juan et aux rapides........ 575,325

(Pourront être remontés à San-Carlos par bateau pour servir aux digues du port).

7° Double série de 3 écluses du mont San-Carlos............. 773,936

(Utilisés en grande partie à la construction du barrage-déversoir du mont San-Carlos).

8° Double série de 5 écluses du bec du Colorado.............. 1,062,944

(Utilisés en grande partie aux barrages du bec du Colorado et du Juanillo).

Total des déblais rocheux, 15,549,085 mètres cubes........... 15,549,085^{m³}

Il y a en terre et limons................................. 12,090,920^{m³}

Total égal à tous les déblais à faire .... 27,640,005^{m³}

Frais d'extraction et d'enlèvement des déblais.

§ 1ᵉʳ. — ROCHES.

Toutes les roches coûteront à extraire, l'une dans l'autre, 7 fr. 50 le mètre cube. Ce prix se décompose ainsi :

1° Fouille à la mine, 6 francs, ci................................. 6 »

2° Charge, 1 fr.. 1 »

3° Transport, 0 fr. 50 c... » 50

Ensemble, le mètre cube, 7 fr. 50 c............................. 7 50

15,549,085 mètres cubes de roches à 7 fr. 50, coûteront ainsi 116,618,137 fr. 50..

§ 2°. — LIMONS ET TERRE.

Pour les parties en limon et terre, il faut distinguer entre celles à extraire à la pioche, et celles à extraire à la drague; entre celles qu'il y aura nécessité de transporter, et celles que la drague elle-même mettra en place immédiatement, et enfin entre celles à transporter par wagons et celles à transporter par bateau.

TERRES A EXTRAIRE A LA PIOCHE.

1° Dans le cours inférieur du rio Grande, au-dessous de la double série d'écluses du mont Venturon, toutes les terres, à peu de chose près sont à extraire à la pioche, et à transporter par wagons, soit donc 255,000$^{m\,c}$, ci.....   255,000$^{m\,c}$

  2° Dans le lit du rio Grande à sa jonction avec la tranchée du seuil de Rivas à peu près tout à la pioche pour être mis dans les parties à submerger en dehors du chenal, soit..................   319,500

  Transport par wagons ou à la brouette

  3° A la tranchée du seuil de Rivas tout à la pioche et transporté par wagons, soit.......................................   844,875

  4° A la double série d'écluses du mont Venturon, tout à la pioche et transporté à la brouette ou par wagons, soit..............   420,000

  5° A la double série d'écluses du bec du Colorado, tout à la pioche, et transporté à la brouette ou par wagons, soit...........   802,500

  6° A la double série d'écluses de Rivas, tout à la pioche, et transporté à la brouette ou par wagons, soit...................   300,000

  7° Et à la double série d'écluses du mont San-Carlos, tout à la pioche ou transporté à la brouette ou par wagons, soit..........   300,000

Total à extraire à la pioche et à transporter à la brouette ou par wagons, 3,241,875 mètres cubes, ci.......................   3,241,875$^{m\,c}$

A un franc le mètre cube = 3,241,875 francs.

LIMONS A EXTRAIRE A LA DRAGUE ET A TRANSPORTER PAR BATEAU.

1° Chenal dans le port du Pacifique........................   121,500$^{m\,c}$
2° Chenaux dans le lac de Nicaragua à San-Pablo et à San-Carlos   929,470
3° Chenal pour ouvrir l'entrée du port de San-Juan del Norte..   108,000

Total à extraire à la drague et à transporter par bateau........   1,158,970$^{m\,c}$

A 1 fr. le mètre cube, soit 1,158,970 francs.

LIMONS A EXTRAIRE A LA DRAGUE, ET REJETÉS DIRECTEMENT PAR ELLE DERRIÈRE LES LIGNES DE PIEUX, ET DONT PARTIE DOIT SERVIR A FORMER LES BERGES.

1° Cours supérieur du San-Juan, 2,000,000$^{m\,c}$................   2,000,000$^{m\,c}$
2° Sous la double série d'écluses du mont San-Carlos.........   278,825
3° Dans le vieux bras du San-Juan..........................   5,411,250

Total à extraire à la drague et rejeté directement par elle......   7,690,075$^{m\,c}$

Dans l'évaluation faite au titre du travail de la drague ci-après, le travail de l'instrument seul après labourage sans le transport des déblais est estimé 0 f. 2564 le mètre cube; en le portant à 0 f. 50, en raison qu'il sera fait par de grandes dragues à couloir, on trouve que le prix d'extraction pour ces 7,690,075^{m3} de déblais limoneux s'élèvera à 3,845,037 francs 50 centimes.

RÉCAPITULATION GÉNÉRALE DES FRAIS D'EXTRACTION.

1° 15,549,085^{m3} de roches à 7 francs 50 le mètre cube.. 116,618,137^f 50

2° 3,241,875^{m3} de terre à la pioche et à transporter à la brouette ou par wagons, à 1 fr...... 3,241,875^f »

3° 1,158,970^{m3} de limons à extraire à la drague et à transporter par bateau, à 1 fr...... 1,158,970^f »

4° 7,690,075^{m3} de limons à la drague et rejetés directement par elle sur les bords, à 0^f 50^c. 3,845,037^f 50^c

Totaux... 27,640,005 mètres cubes de déblais de toutes sortes, pour .... 124,864,020^f »

Soit en moyenne 4 francs 51 le mètre cube.

Longueurs en rivière à approfondir, et par suite à mettre entre pieux soit pour servir de guides en formant une estacade continue chaque côté, soit pour retenir les berges et leur servir de muraillement.

1$^{ment.}$ — COMME GUIDES.

1° Partie à submerger du lit du rio Grande devant être approfondie, longueur .... 2,360^m

2° Parties supérieures de la vallée du San-Juan devant être approfondies 36,250

3° Parties de la vallée du San-Juan sous la double série d'écluses du mont San-Carlos devant être approfondies..................... 5,640^m

Longueur totale pour un côté 44,250 mètres, ci................... 44,250^m

Autant pour l'autre côté.................................. 44,250

Total pour les deux côtés...................... 88,500^m

Les pieux seront placés à 2 mètres de distance les uns des autres de centre à centre, ce qui en nécessitera 44,250, ci.......................... 44,250

Pieux de soutènement posés obliquement en dehors du chenal, un tous les 4 mètres, soit 22,125 pieux, ci.......................... 22,125

Ensemble 66,375 pieux, ci.............................. 66,375

A 15 francs le pieu posé 995,625 francs.

Pièces les reliant.

4 fois la longueur de 44,250 mètres, soit en longueur totale 177,000 mètres à 1 fr. 50 c. le mètre posé, 265,500 francs.

2^{ment.} — COMME MURAILLEMENT.

Chenal dans le vieux bras du San-Juan......................... 24,050^m

Autant pour l'autre côté..................................... 24,050

Longueur totale pour les deux côtés........................... 48,100^m

3 pieux par mètre, car ils devront se toucher, soit 144,300 pieux, ci. 144,300

Pieux de soutènement, un tous les trois mètres, soit.............. 16,033

Total de ces pieux 160,333

A 15 francs le pieu posé 2,404,995 francs non compris les vis devant servir à les enfoncer.

Pièces les reliant entr'eux, 4 fois la longueur de 24,050 mètres, soit 96,200 mètres, à 1 fr. 50 c. = 144,300 francs.

Nous portons ici les pieux à 15 francs pièce seulement, en raison que le bois ne coûtera rien, et qu'il n'y aura que la main-d'œuvre.

Quant à l'enfoncement, il se fera bien plus facilement par le vissage que par le battage. A cet effet, chaque pieu à son extrémité inférieure sera armé d'une vis en fonte telle qu'elle va être décrite ci-après, au titre : *pose des pieux.*

Cette vis pesant 15 kilogrammes 210, coûtera 5 fr. 32 c.

Le nombre des pieux est de : 1°............................... 66,375

—   2°............................... 160,333

Au total.. 226,708

Ce qui, pour autant de vis fait 1,206,086 francs 56 centimes.

RÉCAPITULATION DES PRIX DES PIEUX.

1° 66,375 pieux à 15 francs 995,625   »

2° Pièces les reliant, 177,000 mètres, à 1 fr. 50 c. le mètre posé. 265,500   »

3° 166,333 pieux, à 15 francs........................... 2,404,995   »

4° Pièces les reliant, 96,200^m, à 1 fr. 50 c..................... 144,300   »

5° Ferrure de 226,708 pieux, à 5 fr. 32 c. = ... 1,206,086 56

Prix total de ces pieux non compris ceux pour les jetées des ports et pour les écluses 5,016,506 56

Pose des pieux.

Pour la pose des pieux, nous croyons qu'il est préférable d'employer le vissage au lieu du battage qui serait beaucoup trop long et par suite trop coûteux, sans d'ailleurs présenter autant de solidité, tandis que le vissage, même fait à une profondeur beaucoup moindre, présente une très-grande solidité tant contre l'enfoncement que contre l'arrachage par traction, tandis que l'arrachage peut très-facilement se faire par le dévissage.

Les pieux seront donc vissés dans le sol comme le tire-bouchon dans le liége. A cet effet, ils seront armés à leur extrémité inférieure d'un petit fourreau conique en fonte, terminé en pointe, et portant un pas de vis d'un tour et demi ou deux seulement. Ce fourreau n'aura besoin d'avoir qu'un centimètre d'épaisseur de paroi et 0^m 30 de hauteur.

Si on suppose 0^m 20 de diamètre à l'ouverture du cône, on aura pour cette ouverture une circonférence de 0^m 628 venant se terminer à O, d'où l'équivalent d'un parallélogramme de 0^m 314 de largeur, 0^m 30 de hauteur et 0^m 01 d'épaisseur, cubant 0^m 314 $\times$ 0^m 30 $=$ 0^{m^2} 0942 $\times$ 0^m 01 $=$ 0^{m^3} 000942 $\times$ densité 7 k. 8 $=$ 7 kilog. 347.

La spirale en lui supposant 0^m 06 de large et une épaisseur moyenne de 0^m 015 présentera une bande, ses deux tours développés de 1^m 12 de longueur d'où 1^m12 $\times$ 0^m 06 $=$ 0^{m^2} 0672 $\times$ 0^m 015 $=$ 0^{m^3} 001008 $\times$ densité 7 k. 8 $=$ 7 kilog. 862.

RÉCAPITULATION : Le fourreau pèse,........................... 7 k. 347

—   La spirale   id .... 7 k. 862

Poids total du cône devant armer chaque pieu pour le vissage..... 15 k. 209

Nous pensons qu'au moyen du vissage 4 ou 5 hommes pourront enfoncer un pieu en quelques minutes à une profondeur suffisante pour que sa spirale prise dans le sol y trouve un appui d'une grande résistance. Nous portons le prix de la fonte employée à ces cônes à 350 francs la tonne toute posée en raison des vis à bois ou des boulons devant les fixer sur les pieux, ce qui met le boulon à 0 f. 48 c. Chaque vis coûtera ainsi 5 fr. 32.

Charrue à vapeur sous-marine.

RECHERCHES SUR SON TRAVAIL, ET PRIX DE REVIENT DU MÈTRE CUBE DE SABLE ET LIMON REMUÉ.

Par suite des dépôts accumulés depuis de longs siècles, le sol d'alluvion du fond du lit des rivières devient dur et compact au point que les dragues ne

l'entament que difficilement, et ne produisent qu'à grand peine un travail insignifiant si, au préalable, il n'est entamé et divisé, comme la pioche fait à la terre
pour faciliter son enlèvement à la pelle.

Nous avons pensé qu'un semblable travail préparatoire pourrait être facilement
et très-économiquement fait pour la drague par une sorte de *charrue à vapeur
sous-marine* que nous avons imaginée spécialement pour cet objet, mais qui pourrait souvent être employée dans d'autres circonstances, le désensablement des
rivières navigables et des ports par exemple.

Voici en quoi consisterait cet instrument :

Une machine à vapeur motrice, comme pour les charrues à vapeur ordinaires,
portée par un bateau, mis en amont en travers du courant de l'eau,

Ce bateau serait solidement amarré au moyen de pieux vissés obliquement en
aval dans le lit de la rivière et se dévissant avec une égale facilité. Il serait ainsi
complétement immobilisé.

La machine ferait mouvoir une poulie monte-sac posée horizontalement sous
la chaudière, non semblable à celle à mâchoires de Fowler, imaginée pour le labourage à vapeur, mais ayant quelqu'analogie avec elle.

Un long câble en fil de fer attaché par une de ses extrémités à la charrue, viendrait faire un demi tour seulement sur cette poulie qui le serrerait suffisamment
pour l'attirer à elle, le serrage devant être fait par le tirage lui-même, et lui être
proportionné. L'autre bout du câble après avoir passé sur une poulie de renvoi
ordinaire, posée sur un autre bateau, placé en aval et amarré de même que le
premier, viendrait se rattacher à l'autre extrémité de la charrue, en sorte que
celle-ci tirée alternativement d'un côté et de l'autre, ferait comme sur terre le
mouvement de la navette.

Le chassis de la charrue consisterait en un fort cadre en fer, long, mais rectangulaire. Dans l'intérieur de ce cadre seraient les socs de charrues posés et
fonctionnant soit comme dans la défonceuse du marquis de Poncins, soit comme
dans les systèmes à bascule de MM. Howard et Fowler.

Le cadre ne serait point porté par des roues, sans que pour cela il appuie sur le
sol. Les roues seraient remplacées par un bateau flottant au-dessus à la surface
de l'eau, et lui étant relié à ses quatre angles par quatre fortes tiges faisant fonc-
tion de vis de rappel, passant aux quatre angles du bateau qui serait de mêmes
dimensions que le cadre de la charrue, et rectangulaire comme lui sauf la forme
tranchante à l'avant et à l'arrière nécessitée par sa marche dans les deux sens.
Bateau et charrue seraient ainsi solidaires, en sorte que l'entrure des socs de la
charrue dans le sol serait réglée par le bateau-flotteur.

Si en effet ces socs voulaient trop enfoncer dans le sol, ils seraient obligés de
faire enfoncer le bateau, ce qui ne pourrait avoir lieu que dans une certaine

mesure ; si, au contraire, ils tendaient à trop s'élever, ils seraient alors obligés de soulever ce dernier au-dessus de son tirant d'eau, ce qui ne pourrait avoir lieu.

Le laboureur placé dans le bateau dirigerait et réglerait le labourage à sa volonté, et de là avec un corps de charrues à bascule, il soulèverait à volonté d'un bout du bateau, le jeu de socs en terre et, par suite, donnerait de l'entrure à l'autre jeu.

Pour ne pas avoir à les déplacer à chaque nouveau sillon, et à les démarrer continuellement, les bateaux porteurs de la machine et de la poulie de renvoi auraient une longueur suffisante qui permettrait le déplacement de ces derniers (comme sur terre) pour opérer sur place une assez grande largeur de labourage.

Avec ces charrues opérant dans les deux sens le sol sera remué, divisé et trituré au point que les dragues l'attaqueront ensuite avec la plus grande facilité, et n'auront plus qu'à l'enlever comme fait la pelle après le travail de la pioche.

Le câble de retour passera sur une poulie portée par le bateau-laboureur, et celui-ci pour l'empêcher d'appuyer au fond de l'eau et éviter les frottements, distribuera sur son parcours de petits flotteurs portant une poulie suspendue dans laquelle il roulera sans aucun frottement.

La charrue à vapeur sous-marine devra représenter un travail annuel de 60,000 francs environ, tant pour amortissement du capital, que pour usure, entretien et ouvriers. 60,000 francs représenteront donc 300 journées de travail de 10 heures à 200 francs la journée.

Une charrue sous-marine pourra labourer par jour deux hectares à $0^m 40$ de profondeur d'après les données et les calculs suivants.

Elle aura trois socs chaque côté travaillant à la fois, fournissant chacun $0^m 333$ de largeur de bande, ensemble 1 mètre.

Elle marchera avec une vitesse de 3 kilomètres à l'heure, ce qui fait 30,000 mètres de parcours par journée de 10 heures ou 3 hectares de superficie. Mais on peut évaluer qu'il faut en diminuer un tiers pour le temps consacré aux manœuvres, déplacements, changements de marche, installation, etc., restent donc 20,000 mètres ou 2 hectares de travail réel qui à $0^m 40$ de profondeur donnent 8,000 mètres cubes de terre remuée pour une dépense de 200 francs, $\frac{200}{8.000} =$ 0 fr. 025 le mètre cube.

Travail des dragues.

Les grandes dragues coûteront environ 300,000 fr. chacune, ce qui représente annuellement, intérêt et amortissement, environ 100,000 francs, ci..   100,000 f.

L'entretien et le service demanderont environ   50,000

(le combustible devant pour ainsi dire ne rien coûter).

    Total annuellement, 150,000 francs, ci..............   150,000 f.

Ces dragues devront travailler nuit et jour avec des équipes se relayant, et faire environ 1,200^{ms} de déblais par jour, au moyen que le sol au préalable aura été remué par la charrue sous-marine.

150,000 francs par an représentent par jour 416 francs 66 c.

Or, 416 fr. 66, divisés entre 1,200 mètres cubes, font que le prix de chaque mètre reviendra en frais de dragage seulement à 0 fr. 3472 c.

Transport par bateau des déblais des dragues.

Le transport se fera par de longs bateaux plats, à double surface plane, une chaque côté montée sur la coque et pivotant sur chaque bord qu'elle débordera.

Ces surfaces de 20 mètres de long sur 4 de large, pourront contenir environ 100 mètres cubes.

La coque du bateau pourra avoir 5^m 50 de large, 25 mètres de long : surface 137^{m2} 50; profondeur 1^m 40; jaugeage à raz bords 190 tonnes 50.

Deux bateaux suffiront pour desservir une drague, l'un allant décharger pendant que l'autre chargera.

La surface sera appuyée par le milieu sur le bord du bateau, de manière à basculer à volonté sur ce bord, en sorte qu'elle s'étendra 2 mètres au-dessus de l'intérieur et 2 mètres au-dessus de l'eau. L'autre côté de même.

Les deux côtés prendront donc ensemble 4 mètres de large sur le bateau sur 5^m 50 qu'il aura. Il restera 1^m 50 entre les plateaux formant un long couloir pour la manœuvre de ces plateaux qui seront fractionnés en plusieurs, car d'une seule pièce ils ne pourraient être manœuvrés, et feraient chavirer le bateau lors du déchargement. Sur la longueur ils seront divisés en 5 chacun de 4 mètres, ou en 6 chacun de 3^m 33.

Chaque compartiment aura donc de surface y compris l'épaisseur des parois 4^m × 3^m 33 = 13^{m2} 32, et à 0^m 60 de profondeur il cubera 8 mètres, ce qui fera environ 100^{m3} pour les douze compartiments.

On déchargera deux compartiments opposés à la fois, de manière à éviter de faire pencher le bateau en lui laissant plus de poids d'un côté que de l'autre. On commencera par les premiers d'un bout, puis par les premiers de l'autre bout, et enfin ceux intermédiaires, de manière que la charge soit toujours répartie également autant que possible. Ils chavireront donc sur le côté du bateau en les faisant pivoter pour les décharger dans l'eau comme on fait basculer sur rails les wagonnets de travaux de terrassements.

Les bateaux seront remorqués par des vapeurs dont le service spécial sera de les mener de la drague au lieu de déchargement et du lieu de déchargement à la drague.

Un remorqueur pourra desservir ainsi 3 dragues et par suite 6 bateaux, selon d'ailleurs la distance à parcourir.

Le service de chaque bateau coûtera par journée de 24 heures à 3 hommes et 8 heures de travail par homme, 9 journées d'homme, et pour 24 heures 60 francs, ce qui, pour 2 bateaux par drague, fera 120 francs.

Le remorqueur coûtera 100 francs par journée de 24 heures. Un tiers pour chaque drague, soit 33 francs 33 c.

Total du prix de transport des déblais de chaque drague :

$$
\begin{array}{lr}
\text{2 bateaux 120 francs} \dots\dots\dots\dots\dots\dots & \text{120 f.} \quad \text{»} \\
\text{Part de remorquage} \dots\dots\dots\dots\dots\dots & \text{33} \quad \text{33} \\
\hline
\text{Ensemble} \dots\dots\dots\dots\dots & \text{153 f. 33}
\end{array}
$$

pour 1,200^{m3} de déblais, ce qui fait par mètre cube 0 f. 1283.

Prix de revient du mètre cube de déblais limoneux transporté par bateau.

Il résulte de ce qui précède que le prix d'extraction des déblais limoneux sujets à transport reviendra le mètre cube :

$$
\begin{array}{lr}
\text{1° Labourage} \dots\dots\dots\dots\dots\dots & \text{0 f. 0250} \\
\text{2° Travail de la drague} \dots\dots\dots\dots & \text{0 f. 3472} \\
\text{3° Et transport par bateau} \dots\dots\dots\dots & \text{0 f. 1283} \\
\hline
\text{Total par mètre cube} \dots & \text{0 f. 5010}
\end{array}
$$

On voit que ces calculs s'élèvent à un peu plus de 0 f. 50 centimes.

Ils ne peuvent pas être inférieurs à cette somme, mais aussi ils ne peuvent pas non plus dépasser 0 f. 60 c., cependant nous les portons à 1 franc le mètre cube.

Aussi ne nous expliquons-nous guère comment M. Kelley, dans son travail sur l'Atrato, a pu, à un endroit, porter les déblais à la drague à moins de 16 centimes 1/2 le mètre cube, et à un autre à 0 f. 2379 le mètre cube, tandis que M. Thomé de Gamond, dans son dernier projet, fait figurer ces mêmes travaux pour 2 francs le mètre cube, ce qui était très rationnel, et se comprend parfaitement pour un sol d'alluvion devenu très-compact sous l'accumulation, après de longs siècles, de dépôts, si au préalable on ne le divise pas pour le travail de la drague qui ne doit plus avoir qu'à l'enlever, comme la pioche facilite l'enlèvement à la pelle.

Prix de revient des barrages.

Ces barrages seront tous faits entièrement en maçonnerie pleine avec les matériaux de toute venue, blocs de toute grosseur, pourvu qu'ils soient transportables provenant du creusement des doubles séries d'écluses, et qui seront complétement noyés dans le mortier.

Il n'y a rien à compter ici pour les frais d'extraction et de transport de ces matériaux rocheux, car cette dépense figure déjà dans le prix de revient des déblais occasionnés par les fouilles des doubles séries d'écluses.

Par suite, les seules dépenses à faire figurer ici pour la construction des barrages, consistent uniquement dans la pose et le mortier, et dans la taille des pierres de parement, taille qui n'aura pas besoin d'être d'un fini soigné, mais un simple dégrossissement.

La pose et le mortier peuvent être évalués à 4 francs le mètre cube de maçonnerie, ce qui, avec 7 fr. 50 de frais d'extraction, porte en réalité à 11 fr. 50 le prix de revient du mètre cube avec matériaux de toute venue.

La taille à 2 francs le mètre superficiel, en supposant qu'un mètre de parement occasionnera environ avec les côtés 5 mètres carrés de surface dégrossie, soit, par suite, 10 francs de taille par chaque mètre de parement extérieur. Ce chiffre de 2 francs le mètre carré est calculé pour une taille pouvant être faite mécaniquement en raison des grandes quantités sur lesquelles il y a à opérer, d'après le système que nous avons décrit dans un de nos avant-projets. Le prix du mètre cube de parement reviendra ainsi à 21 fr. 50, extraction, taille et pose comprises.

1$^{ment.}$ — DIGUE-DÉVERSOIR DU MONT SAN-CARLOS.

Cette digue, ainsi qu'il est dit page 32, cubera 328,484^{ms} à 4 francs le mètre cube pour pose et mortier, — 1,313,936 francs, ci................ 1,313,936 f.

Parements : 1° Surface $700 \times 20 =$ .... 14,000^{ma}

2° Un côté sous l'inclinaison $\dfrac{35 \times 700}{2} = $ 11,200^{ma}

3° Autant pour l'autre côté......... 11,200^{ma}

Total des surfaces en parements. 36,400^{ma} à 10^f = 364,000

Total du prix de revient de cette digue sans l'extraction ni l'approche des matériaux, 1,677,936 francs, ci..................... 1,677,936 f.

2^{ment.} — DIGUE-BARRAGE INSUBMERSIBLE DU BEC DU COLORADO.

Ce barrage, ainsi qu'il est dit page 36, cubera 767,110^{m3} à 4 francs le mètre pour pose et mortier, 3,068,440 francs, ci....................... 3,068,440 f.

Parements : 1° Surface 1600 × 20 = ... 32,000^{m2}

      2° Un côté sous l'inclinaison $\dfrac{35 \times 1600}{2}$ = 28,000^{m2}

      3° L'autre côté autant .... 28,000^{m2}

        Total des surfaces en parements. 88,000^{m2} à 10^f = 880,000

Total du prix de revient de ce barrage sans l'extraction ni l'approche des matériaux, 3,948,440 francs, ci..................... 3,948,440

3^{ment.} — DIGUE-DÉVERSOIR DU JUANILLO.

Cette digue, ainsi qu'il est dit page 38, cubera 120,618^{m3} 75, ce qui, à 4 francs le mètre pour pose et mortier, fait......................... 482,475 f. »

Parements : 1° Surface 550 × 20 = ... 11,000^{m2}

      2° Un côté sous l'inclinaison $\dfrac{24 \times 550}{2}$ = 6,600^{m2}

      3° Autant pour l'autre côté........ 6,600^{m2}

        Total des surfaces en parements. 24,200^{m2} à 10^f = 242,000 f. »

Total du prix de revient de cette digue sans l'extraction ni l'approche des matériaux .... 724,475 f. »

4^{ment.} — DIGUE-BARRAGE INSUBMERSIBLE DE RIVAS.

Cette digue, ainsi qu'il est dit page 50, devra cuber 513,600^{m3}, à 4 francs le mètre cube pour pose et mortier = 2,054,400 francs, ci.......... 2,054,400 f.

Parements : 1° Surface 800 × 20 = ... 16,000^{m2}

      2° Un côté sous l'inclinaison $\dfrac{43 \times 800}{2}$ = 17,200^{m2}

      3° Autant pour l'autre côté........ 17,200^{m2}

        Total des surfaces en parements. 50,400^{m2} à 10^f = 504,000

Total du prix de revient de cette digue sans l'extraction ni l'approche des matériaux, 2,558,400 francs, ci..................... 2,558,400 f.

5^{ment.} — DIGUE–BARRAGE INSUBMERSIBLE DU VENTURON.

Cette digue, ainsi qu'il est dit page 51, cubera 496,000^{m3}, à 4 francs le mètre
pour pose et mortier, 1,984,000 francs, ci...... .... 1,984,000 f.

Parements : 1° Surface 1200 × 20 = ... 24,000^{m2}

2° Un côté sous l'inclinaison$\frac{32 \times 1200}{2}$=19,200^{m2}

3° Autant pour l'autre côté........ 19,200^{m2}

Total des surfaces en parements. 62,400^{m2} à 10^f = 624,000

Total du prix de revient de cette digue sans l'extraction ni l'approche des matériaux, 2,608,000 francs, ci..................... 2,608,000 f.

Récapitulation de ce que coûteront ces cinq digues.

1° Barrage du mont San–Carlos .... 1,677,936 f. »
2° Barrage du bec du Colorado......................... 3,948,440 »
3° Barrage-déversoir du Juanillo .... 724,475 »
4° Barrage de Rivas.................................... 2,558,400 »
5° Barrage du Venturon .... 2,608,000 »

Ensemble, 11,517,245 francs.......... 11,517,245 f. »

Prix de revient des doubles séries d'écluses.

I. — DOUBLES SÉRIES DE CINQ ÉCLUSES.

Les frais d'enlèvement des terres, de nivellement du rocher, et de fouille des
écluses ont été compris dans la masse générale des déblais à opérer pour la
construction du canal, nous n'avons donc plus à les porter au compte particulier
du prix de revient des séries d'écluses.

Toutefois les fouilles des aqueducs à percer dans les têtes des écluses pour
faire communiquer celles-ci entre elles, n'ont été comptées qu'aux prix ordinaires,
tandis qu'elles reviendront au moins à 20 francs le mètre cube, en raison qu'elles
sont en galeries souterraines étroites. Il y a donc lieu de faire figurer ici pour
cette cause seize francs par mètre cube en plus que ce qui a été compté aux
déblais. Soit donc :

1ment. Pour supplément de frais de percement de ces galeries 5,200m³ d'extraction à 16 fr. . . . .   83,200 f.

2ment. Raccords en maçonnerie à faire aux écluses en raison des défectuosités du rocher, environ 10,000m³ à 15 fr.   150,000

3ment. Parement du rocher : 1° Parois latérales, par écluse 4,600m², soit, pour 10 écluses, 46,000m² à 2 francs = ...   92,000

2° Fond et surfaces 134,400m² à 2 francs = ...   268,800

4ment. 24 grandes vannes d'écluses à 2,000 francs.   48,000

5ment. 16 petites vannes de faux-biefs à 500 francs = ...   8,000

6ment. 20 paires de portes à 80,000 francs = ...   1,600,000

7ment. Rangs de pieux à travers lesquels se fera le sassement : chaque pieu aura en moyenne 0m 45 de diamètre, soit 2 pieux par mètre courant, ayant chacun 10 mètres de longueur.

Longueur des lignes d'un côté 52m + 164 + 164 + 164 + 164 + 164 + 52m = 924m, soit pour 4 côtés 924 × 4 = 3,696m à 2 pieux par mètre = 7,392 pieux à 10m de longueur chacun = 73,920 mètres de longueur totale de bois, à 1 fr. 50 le mètre posé = ...   110,880 f.

Traverses reliant les têtes de pieux entre elles sur toute la longueur, une chaque côté. La longueur des lignes de pieux est de 3,696m, soit, pour les 2 côtés, 7,392m, à 1 fr. 50 le mètre courant tout posé = 11,088 francs, ci. .   11,088

Plancher reliant les lignes de pieux au bajoyer. Il sera fait en madriers de 0m 10 d'épaisseur ayant 4m 50 de longueur, et une moyenne de 0m 25 de largeur. D'où il suit qu'il faudra pour 3,696m de longueur de bajoyer, 14,784 madriers de 4m50 de longueur, soit une longueur totale de madriers de 14,784m × 4m 50 = 66,528 mètres courants, à 1 fr. le mètre posé = ...   66,528

Total pour le prix des pieux et planchers. . . . . . .   188,496 f. =   188,496

Prix total d'une double série de 5 écluses non compris les déblais figurant à la masse générale des déblais. . . . .   2,438,496 f.

Les deux doubles séries de 5 écluses du mont Venturon et du bec du Colorado coûteront chacune à peu près le prix ci-dessus.

II. — DOUBLES SÉRIES DE TROIS ÉCLUSES.

1[ment]. Pour supplément de frais de percement des galeries des aqueducs 3,144[m³] à 16 fr. le mètre cube = ... 50,304 f.

2[ment]. Raccords en maçonnerie à faire aux écluses en raison des défectuosités du rocher, environ 7,000[m³] à 15 francs, ci........... 105,000

3[ment]. Parement du rocher : 1° Parois latérales, par écluse 4,600[m²] soit, pour six écluses, 27,600[m²] à 2 francs = ... 55,200

2° Fond et surfaces 96,000[m²] à 2 francs = ... 192,000

4[ment]. 16 grandes vannes d'écluses à 2,000 francs................ 32,000

5[ment]. 8 petites vanues de faux-biefs à 500 fr. = ... 4,000

6[ment]. 12 paires de portes à 80,000 francs = ... 960,000

7[ment]. Rangs de pieux à travers lesquels se fera le sassement. Longueur des lignes d'un côté 596[m], soit, pour 4 côtés, 2,384[m] × 2 pieux = 4,768 pieux à 10[m] de longueur = 47,680[m] à 1 fr. 50 le mètre tout posé = ... 71,520 f.

8[ment]. Traverses reliant les têtes de pieux entre elles, soit 2,384[m] × 2 = 4,768[m] à 1 fr. 50, tout posé = ... 7,152

9[ment]. Plancher pour 2,384[m] de bajoyer, 9,336 madriers de 4[m] 50 de longueur = 42,012[m] à 1 fr. = ... 42,012

Total pour le prix des pieux et planchers....... 120,684 f. = 120,684

Prix total d'une double série de 3 écluses non compris les déblais figurant à la masse générale des déblais........................ 1,519,188 f.

Les deux doubles séries de trois écluses de Rivas et du mont San-Carlos coûteront à peu près ce prix chacune.

Récapitulation de ce que coûteront les quatre doubles séries d'écluses.

1° Double série de 5 écluses du mont Venturon................ 2,438,496 f.

2° Double série de 3 écluses de Rivas 1,519,188

3° Double série de 3 écluses du mont San-Carlos 1,519,188

4° Double série de 5 écluses du bec du Colorado 2,438,496

Prix total des 4 doubles séries d'écluses non compris les déblais occasionnés par les fouilles............................... 7,915,368 f.

PORTS

Port à Brito sur le Pacifique à l'embouchure du rio Grande.

Un vaste et bon port est indispensable sur le Pacifique, à l'entrée du canal pour y abriter les nombreux vaisseaux en partance ou y arrivant. Un tel port n'existe pas, il faut le créer. Heureusement tout s'y prête merveilleusement bien pour que ce soit pour ainsi dire sans frais : la disposition des lieux, et les nombreux matériaux dont on disposera provenant de l'approfondissement du chenal d'arrivée sous les écluses, et qu'il faudrait de toute nécessité jeter à la mer faute d'emploi. Il suffira pour faire un port de les y jeter avec ordre sans aucun autre travail.

Ce port devra avoir une superficie d'environ 120 hectares en renfermant une égale étendue de mer au moyen de deux grandes jetées faciles à établir.

A l'embouchure en effet du rio Grande, tandis que la côte Nord-Ouest élevée en cet endroit s'avance plus que de l'autre côté de 550 mètres environ dans la mer, et s'y termine par une pointe formant un promontoire élevé au milieu d'eaux profondes, atteignant immédiatement de 8 à 10 mètres et ensuite jusqu'à 12 mètres, dans le prolongement en ligne droite au sud de cette pointe de terre; l'autre côté, située au sud de l'embouchure de la rivière, dont elle forme l'ouverture de sa vallée, se trouve en retraite de 500 à 900 mètres de la première, et ne consiste qu'en une plage où s'étale la marée, descendant en pente douce sous les eaux avec une profondeur atteignant 8 mètres à une distance de 400 mètres de la côte et 12 mètres à 700 mètres, lors des plus basses mers.

La seconde côte se trouve ainsi complétement abritée par la première contre les vents du Nord et du Nord-Ouest, les seuls réputés dangereux dans ces parages, jusqu'à près de 900 mètres en mer, distance où on atteint une profondeur à peu près uniforme de 12 mètres d'eau.

Il est donc facile, en cet endroit, de circonscrire par des jetées un espace de plus de 120 hectares de surface d'eau, dont la moitié au moins sans aucun travail à faire, atteint naturellement de 8 à 12 mètres de profondeur d'eau à mer basse.

Dans l'un des projets antérieurs, le port ne devait avoir qu'environ 55 hectares de superficie. Mais on était alors limité dans la grandeur à donner par la nécessité d'établir la jetée du Sud-Est au-dessus du chenal de dérivation du rio Grande, afin que les eaux de cette rivière ne pussent aboutir dans le port, et n'y apportassent pas constamment leurs dépôts limoneux. Dans le projet actuel, cet inconvénient n'existe pas, car les eaux du rio Grande se réuniront au lac de Nicaragua, et il ne viendra par le canal à la mer que celles des éclusées qui n'arriveront que limpides au milieu du port par le chenal conduisant de la double série du Venturon au Pacifique.

Cette superficie de 120 hectares d'eau sera circonscrite au moyen de deux digues dont une formant un angle obtus vers son milieu.

Elle variera entre 12 et 5 mètres de profondeur à marée basse.

On y arrivera par un passage ménagé entre les extrémités de ces deux digues.

La première de ces digues sera enracinée à la pointe du cap Brito, se dirigeant de là quelque peu au Sud-Est. Elle aura 700 mètres de long, et sera dans des profondeurs de 8 à 12 mètres sur 500 mètres de longueur au moins.

Elle couvrira le port à l'Ouest. Sa face intérieure, celle du côté du port, n'ayant point à redouter le choc des vagues, sera montée presque à plomb, suivant un fruit de 2 mètres seulement, afin que les navires puissent s'y mettre à quai ; quant à celle extérieure, du côté de la pleine mer, elle sera sous une inclinaison de 27 degrés afin d'éviter le choc des vagues qui viendront s'éteindre en roulant dessus sans la frapper.

Sa base, à la plus grande profondeur d'eau, sera de 60^m 50 de large, sa hauteur de 17^m, soit 2 mètres au-dessus des plus hautes marées.

Sa surface aura 26^m de largeur.

Elle sera construite avec les matériaux bruts provenant des extractions du chenal en aval de la double série d'écluses du mont Venturon.

Ces matériaux seront amenés directement sur rails par les wagons et les locomotives. À cet effet, des voies seront établies au-dessus de l'eau sur pilotis. Ces voies seront au nombre de cinq, chacune sur deux rangs de pilotis, savoir : trois sous la surface émergée, et deux sous le côté donnant en pleine mer, espacées de 10 mètres entre pieux. Les wagons ainsi amenés au-dessus de l'eau n'auront qu'à renverser leur charge chaque côté, en remplissant toujours entre les rangs de pieux jusqu'à la hauteur voulue.

La grande épaisseur des digues ainsi créées et les charpentes de pieux en faisant un tout d'une seule pièce, permettent de les établir à pierres perdues de toute venue sans mortier, les parties émergées seules devant être avec parements en pierres de taille scellées au mortier.

Les rangs de pilotis seront réunis entre eux, de distance en distance, par de grandes traverses, afin que par l'effet de cette solidarité, ils aient une bien plus grande résistance. Ils iront en diminuant du côté de la pleine mer au fur et à mesure de l'élévation du plafond, et, par suite, de la diminution de largeur de base de la digue. Ainsi, à 5 mètres de profondeur, il n'y aura plus que 4 voies, et que trois au niveau des basses mers.

Cette première digue cube 445,255^{m3}.

A son extrémité Sud sera l'entrée du port, ayant une largeur de 200 mètres, la séparant de l'extrémité Nord de l'autre digue.

Cette seconde digue à la suite de cet espace de 200 mètres, formera comme le prolongement de la première en inclinant un peu plus au Sud-Est, de manière que son extrémité en mer soit un peu couverte par celle de la première. Elle se prolongera ainsi en ligne droite pendant 750 mètres, jusqu'en un point situé à 750 mètres de la côte. De ce point, où elle formera un angle obtus de 131° d'ouverture, elle gagnera la côte en ligne droite.

La première partie devra être ainsi dans une profondeur d'eau continuelle de 12^m (basse mer); quant à l'autre partie, elle gagnera la côte avec une profondeur d'eau qui, de 12 mètres, aboutira à 0.

Cette seconde digue aura 1,500 mètres de longueur, ce qui fera pour les deux digues devant fermer le port, une longueur totale de 2,200 mètres de digues.

Elle aura la même largeur et la même force, et sera construite de la même manière que la première.

Sa première partie cubera 551,437^{m3} 50, ci.................... 551,437^{m3} 50
Sa deuxième partie....................................... 340,593 75

Au total... 892,031^{m3} 25
La première digue doit cuber............................ 445,255^{m3} »

On a ainsi un cube total pour la confection des digues du port sur le Pacifique de....................................... 1,337,286^{m3} 25

Il n'y a rien à compter pour le prix des matériaux en pierre qui entreront dans la construction de ces digues, attendu que les frais de leur extraction et de leur transport ont déjà été comptés dans les frais de déblais et d'approfondissement du chenal dont ils proviendront.

Il y a seulement à compter les frais de taille de la pierre employée aux parements des faces émergées, ainsi que les pieux qui seront employés pour les voies d'arrivée des convois en mer sur pilotis, et pour les soubassements des parties immergées des têtes des digues et des côtés à l'intérieur du port.

La surface de taille des pierres de parement qui entreront dans la composition de ces digues sera de 316,188^{m3}. (Voir détails à l'avant-projet).

Cette taille qui ne sera qu'un simple dégrossissement, coûtera environ 2 francs le mètre carré, soit, pour 316,188^{m2}........................... 632,376^f »
Pose, mortier et travail, à 1 fr. le mètre cube, soit 94,315^{m3}..... 94,315 »

Prix de revient total pour les pierres de parement............. 726,691^f »

Pieux qui entreront dans la composition de ces digues.

Premièrement. — COMME MURAILLEMENT.

Longueurs à l'intérieur du port, 2,200 mètres, ci.................... 2,200^m

Têtes des digues 60^m 50 × 2 = 121^m, ci........................... 121

Ensemble................................... 2,321^m

À deux pieux par mètre = 4,642 pieux, ci......................... 4,642

Deuxièmement. — PIEUX DES VOIES.

Longueur des trois voies de surface, chacune 2,230^m + entrée du port 200^m = 2,430^m × 3 = 7,290^m à 2 rangs = ... 14,580^m

Quatrième voie autant que chacune des autres............ 4,860

Cinquième voie, longueur au-delà de 5^m de profondeur seulement, soit donc sur.......................... 2,430^m

moins 1° sur première digue.............. 40^m }

— 2° sur deuxième digue............ 425^m } 465

Reste en longueur.................... 1,965^m

Et pour deux rangs 3,930 mètres....................... 3,930^m

Longueur totale des rangs de pieux..................... 23,370^m

à un pieu par chaque fois 2 mètres = 11,685 pieux, ci............... 11,685

Total des pieux nécessaires pour les digues du port sur le Pacifique.. 16,327^m

Comme moyen plus prompt et plus économique, ces pieux, de même que tous ceux employés au canal, seront vissés dans le sol, et non enfoncés à coups de bélier, ainsi qu'il est expliqué ci-dessus.

On peut, en raison des frais de transport de la vallée du San-Juan, d'où ils seront extraits, au Pacifique, évaluer ces pieux posés, mais non compris le cône à 20 francs pièce, ce qui donne, pour les 16,327 pieux, 324,740 francs.

Pièces reliant les pieux entre eux dans la longueur des digues.

La longueur totale de ces pièces sera deux fois la longueur totale des lignes de pieux.

Les voies ont en longueur :

Quatre chacune de 2,230 mètres $\times$ 4 = 8,920 mètres............	8,920ᵐ
Et la cinquième 1,965 mètres, ci.............................	1,965
Toutes ensemble	10,885ᵐ
Même longueur pour une deuxième ligne de pieux par voie.......	10,885
Longueur du muraillement.................................	2,320
Longueur totale des lignes de pieux........................	24,091ᵐ
qu'il faut doubler, les têtes des rangs de pieux devront être entre 2 pièces	$\times$ 2
soit par suite	48,182ᵐ

estimés, à raison du transport, à 2 fr. le mètre posé et scellé avec des chevilles en bois, soit 96,364 francs.

Nous ne parlons pas des traverses de la voie, ceci entrant dans le matériel d'exploitation, de même que les rails.

Traverses reliant tous les pieux en travers, de distance en distance, soit tous les 10 mètres,
au niveau de basse mer.

1ᵐᵉⁿᵗ. — Traversée de l'entrée du port, longueur 200ᵐ, soit 20 grandes traverses de 30ᵐ de longueur, donc 20 $\times$ 30 = 600, et comme elles seront doubles, soit **1,200ᵐ**

2ᵐᵉⁿᵗ. — Les cinq voies ensemble, sur une longueur de 1,765ᵐ et sur 54ᵐ de largeur, soit 176 fois 54 mètres = 9,504ᵐ, et comme elles seront doubles.. **19,008**

3ᵐᵉⁿᵗ. — Et pour les quatre autres voies ensemble, le surplus de longueur des digues, soit 2,230ᵐ — 1,765 = 465 mètres, soit 47 grandes traverses de 42 mètres faisant une longueur totale de 1,974ᵐ $\times$ 2 = 3,948ᵐ, ci.. **3,948**

Ensemble, 24,156 mètres, ci............................. **24,156ᵐ**

A 2 francs, en raison du transport, on trouve que ces traverses coûteront, posées, 48,312 francs.

Vis pour les pieux.

Il faudra 16,327 vis qui, à raison de 15 kilog. 200 par vis, donnent un poids total de 248,170 kilogrammes qui, à 0 fr. 35, font 86,859 francs 65 cent.

Récapitulation de ce que coûteront les digues du port sur le Pacifique.

1° Taille des pierres de parement et pose................ 726,694 f. »
2° 16,327 pieux à 20 francs............................ 324,740 »
3° Pièces reliant les pieux en longueur................... 96,364 »
4° Traverses les reliant en travers...................... 48,312 »
5° Vis armant les pieux............................... 86,859 63

Total des frais de construction des digues du port sur
le Pacifique.............................. 1,282,966 f. 65

Ports sur le lac de Nicaragua.

Sous le rapport commercial et comme abri contre les tempêtes, des ports sur le lac de Nicaragua, à San-Pablo et à San-Carlos, endroits où aboutira le canal, ne sont guère moins nécessaires qu'à ses deux extrémités sur les Océans.

Leur création donnera certainement un grand essor au commerce des contrées que baigne le lac, et ce commerce se développera d'autant plus facilement et plus vite qu'il aura de bons ports à sa disposition.

D'un autre côté, le lac, en raison de sa grandeur et de sa profondeur, a quelquefois des tempêtes qui égalent celles des Océans.

Ces motifs obligent donc à la création de deux ports sur le lac aux endroits où le canal viendra y aboutir.

A San-Pablo, cette création sera facile et peu onéreuse, imposée même par l'obligation de déposer dans le lac une grande quantité de matériaux qui proviendront de la tranchée du seuil de Rivas. Avec ces matériaux, on construira les digues qui formeront l'enceinte du port.

De ce côté, où d'ailleurs le besoin s'en fera sentir immédiatement, en raison de la population assez nombreuse de l'Isthme, le port sera créé de suite tel que nous allons l'expliquer.

Mais du côté de San-Carlos, contrée encore presque inhabitée, les mêmes facilités n'existent pas, aussi y sera-t-il seulement créé immédiatement une digue de défense, laissant à l'avenir le soin de la création du port, aussitôt que le besoin s'en fera sentir.

14

Port de San-Pablo.

A San-Pablo, il faut donner aux digues du port une grandeur en rapport avec la masse énorme de déblais à jeter au lac : plusieurs millions de mètres cubes provenant des fouilles du seuil de Rivas.

Il est possible de circonscrire, avec des digues, au Nord de l'embouchure du rio Lajas, un vaste espace de plus de 100 hectares, et de donner à ces digues une largeur de plus de 150 mètres, afin que s'établissent dessus, par la suite, les constructions d'un port important, et même sur la digue Sud, à son extrémité, on peut donner une grande augmentation de largeur sans gêner en rien l'entrée du rio Lajas dans le lac.

Si on récapitule ce dont on disposera de déblais rocheux, et dont il faudra se débarrasser, heureux d'avoir leur place en les jetant dans le lac, on trouve qu'on disposera d'environ en mètres cubes :

1° Provenant du chenal du Pacifique..........................	2,000,000^{m3}
2° Des fouilles des écluses du mont Venturon	1,062,944^{m3}
3° Des fouilles des écluses de Rivas..........................	773,936^{m3}
4° Tranchée du seuil de Rivas	9,000,000^{m3}
Au total environ	13,136,880^{m3}

Sur lesquels il sera employé :

1° Pour le port sur le Pacifique.................	1,337,286^{m3}	
2° A la digue du Venturon.....................	496,000^{m3}	
3° A la digue de Rivas........................	513,600^{m3}	
Ensemble...............	2,346,886^{m3}	2,346,886^{m3}

En sorte qu'il reste à se débarrasser d'environ 10,789,994^{m3}, ci. 10,789,994^{m3}

Dont il faudra employer la presque totalité dans le lac à la création du port de San-Pablo, ou de toute façon les jeter à l'eau inutilement, car il n'est pas possible d'en encombrer les bords du canal, et les terres fertiles qu'il traversera en cet endroit. Le meilleur usage à en faire est donc de les employer à créer un beau et magnifique port à San-Pablo, en circonscrivant un vaste espace de cent et quelques hectares par de vastes digues ayant de 150 à 300 mètres de largeur, et sur lesquelles pourront s'établir de vastes établissements maritimes qui seront l'entrepôt de tout le commerce de la région du lac avec le Pacifique.

Voici donc le port qu'il y aurait à créer, et qui absorberait environ 8,000,000 de mètres cubes : le surplus dont il y aurait à se débarrasser serait déposé ailleurs ou resterait en réserve comme matériaux pour les besoins ultérieurs de construction.

Deux digues s'avanceraient parallèlement dans le lac en ligne droite séparées par une distance intérieure de 900 mètres.

L'une, celle au Sud, partirait de l'embouchure du rio Lajas, mais de manière à laisser cette embouchure libre au dehors, et s'avancerait en ligne droite, perpendiculairement à la côte, de 1,350 mètres dans le lac.

L'autre, au Nord de celle-ci, et en étant séparée par une distance intérieure de 900 mètres s'avancerait aussi dans le lac parallèlement à la première, sur une longueur de 1,300 mètres, distance libre intérieurement dans le port. (Voir le plan général).

Ces deux digues auraient chacune 160 mètres de largeur de surface. Leurs bords seraient presque d'aplomb avec un fruit de 2 mètres seulement, pour que les navires puissent librement mettre bord à quai intérieurement et extérieurement.

Leurs extrémités seront réunies par une troisième digue transversale de 310^m de largeur dans laquelle sera ménagée l'entrée du port de 100^m d'ouverture, en face même la naissance du canal. Les bords de cette troisième digue seront aussi presque d'aplomb avec un fruit de 2 mètres seulement pour que les navires mettent facilement bord à quai intérieurement et extérieurement, ainsi que les têtes de l'entrée du port.

On aura ainsi comme port un espace circonscrit de 1,300^m × 900 = 117 hectares.

Et la surface des digues ainsi faites pouvant servir à des constructions et à des quais sera :

1° Digue extrême, longueur 1,100^m × largeur 300^m = ... 34$^{hect.}$ 10$^{ares.}$

2° Les deux digues parallèles, longueurs réunies 2,650^m × largeur 160^m = ... 42 40

Total 76 hectares 50 ares................................. 76$^{hect.}$ 50$^{ares.}$

Qui atteindront promptement une valeur considérable pour constructions.

Ainsi faites, ces digues cuberont et absorberont :

1$^{ment.}$ — *Celle extrême*, longueur 1,100^m × 310^m = 341,000^{m2} × élévation moyenne 12^m = 4,092,000^{m3}, ci.............................. 4,092,000^{m3}

2$^{ment.}$ — *Les deux autres* ensemble longueur 2,650^m × largeur 160^m = 424,000^{m2} × profondeur moyenne 10^m = 4,240,000^{m3}, ci........ 4,240,000^{m3}

Total en mètres cubes .... 8,332,000^{m3}

Ces digues développeront une longueur de quais de 8,550^m à 2 pieux par mètre = 17,100, et à 20 francs le pieu, prix de revient posé mais non compris la vis = 342,000 francs.

Les vis pesant chacune 15 kilogrammes 209, on a pour poids de la fonte 17,100 × 15 kil. 209 = 260,073 kil. 900 × 0 fr. 35 = 91,025 fr. 86.

Voies sur les digues pour le transport des déblais.

Il y aura sur chaque digue à créer 5 voies de fer sur pilotis, une au milieu et 2 chaque côté.

La première, à 4ᵐ des bords intérieurs, aura en longueur, digue Sud 1,370 + digue Est 920ᵐ + digue Nord 1,300ᵐ = 3,590ᵐ 3,590ᵐ

Autre voie l'enveloppant à 8ᵐ de distance
Digue Sud 1,378ᵐ + digue Est 936ᵐ + digue Nord 1,308ᵐ = 3,622ᵐ, ci. 3,622ᵐ

Longueur des deux voies intérieures............................. 7,213ᵐ

Voies longeant les bords extérieurs :
Première, digue Sud, 1,760ᵐ + digue Est, 1,200ᵐ + digue Nord, 1,660ᵐ = ... 4,620ᵐ

Deuxième, digue Sud, 1,752ᵐ + digue Est, 1,184ᵐ + digue Nord, 1,652ᵐ = ... 4,588ᵐ

Ensemble 9,208ᵐ, ci.. 9,208ᵐ 9,208ᵐ

Voie centrale, développement total............................. 4,100ᵐ

Développement total des 5 voies sur la digue...................... 20,520ᵐ
Double rang de la voie 20,520ᵐ

Total en longueur des lignes de pieux................. 40,040ᵐ

Les pieux seront placés à 2 mètres de distance les uns des autres, ce qui en nécessitera 20,520, à 20 francs en raison du transport du lieu d'exportation, = 410,400 francs.

Vis de ces pieux.

20,520 pieux nécessiteront autant de ferrures pesant chacune 15 kilog. 209 = poids total 312,088 kilogrammes, 680 à 0,35 c. le kilogramme = 109,231 fr. 03 c.

Pièces reliant les pieux en longueur.

Les lignes de pieux ont une longueur totale de 41,040 mètres. Les pièces les reliant seront doubles, une chaque côté, soit une longueur totale de 82,080 mètres à 1 fr. 50 le mètre tout posé = 123,120 fr.

Pièces reliant les pieux en travers.

Les deux voies de côté seront reliées à la ligne de pieux formant le bord de la digue, de manière à bien relier celle-ci à ces deux voies qui devront à ce moyen la soutenir contre la poussée des matériaux à l'extérieur lorsque l'espace entre sera rempli. Il y en aura une tous les 5 mètres, ayant 15 mètres de longueur.

Les bords ont un développement total de 8,350 mètres, ce qui nécessite 1,670 traverses. Ces traverses seront doubles, soit 1,670 × 2 = 3,340 traverses, de 15 mètres de longueur chacune, ce qui donne une longueur de bois de 50,100 mètres à 1 fr. 50 le mètre = 75,150 fr., prix de ces traverses posées avec chevilles en bois.

Récapitulation du prix de revient des digues du port de San-Pablo.

1° Pieux pour le muraillement............................	342,000 fr.	»
2° Vis de ces pieux.............	91,025	85
3° Pieux pour les voies..................................	410,400	»
4° Leurs vis..	109,231	05
5° Pièces les reliant en longueur.........................	123,120	»
6° Pièces les reliant en travers..........................	75,150	»

Total général du prix de revient des digues du port San-Pablo. 1,150,926 fr. 90

Il n'est rien compté pour les matériaux rocheux qui seront employés bruts, en raison que les frais d'extraction et de transport ont déjà été compris dans ceux de déblais. Il ne sera pas fait de parements en pierres de taille.

Jetée de San-Carlos.

San-Carlos est loin des autres ports, à l'entrée du San-Juan, sur le lac; un abri y est immédiatement nécessaire. De plus, il est appelé à être un jour l'entrepôt du commerce de toute la région du lac, et de tout le centre du Nicaragua et du Costa-Rica avec toutes les contrées que baigne l'Océan Atlantique. Un bon port y sera donc, dans un temps plus ou moins éloigné, aussi nécessaire qu'à San-Pablo. Mais il n'y existe pas les mêmes facilités d'exécution. L'approfondissement du lac et du fleuve en cet endroit ne donnera aucun déblai rocheux pour la construction des jetées. Ce n'est que beaucoup plus bas, aux rapides, que le San-Juan doit en fournir. Leur transport sur rails, pour être directement versées entre les lignes de pilotis, coûterait beaucoup trop cher, et le transport par bateau n'offre point la même simplicité d'exécution, et, par suite, l'économie voulue. Il faut trop de main-d'œuvre pour décharger et mettre en place, à moins d'employer les bateaux que nous avons décrits pour le transport des limons, et faire que ces bateaux puissent pénétrer entre les lignes de pieux pour y déverser leur contenu.

Mais un parcours de 43 kilomètres depuis le rapide du Toro, lieu où on pourrait principalement les prendre, occasionnerait encore d'assez grands frais, et, en outre, on ne s'en procurerait guère ainsi, comme nous l'avons vu aux déblais, que de 5 à 600,000 mètres cubes, quantité très-insuffisante.

Extraire exprès des pierres dans les montagnes environnantes occasionnerait des frais trop considérables.

La seule ressource est de faire cette digue avec deux rangs de pieux qui en feront les muraillements, reliés entr'eux de distance en distance par des traverses submergées, de manière que les bateaux employés au transport des limons puissent passer par dessus, et déposer leur chargement entre les lignes de pilotis.

Provisoirement, il serait construit une seule digue, celle devant défendre le chenal d'entrée du San-Juan. Ce chenal sera creusé le plus possible au pied de la digue, de manière que les dragues puissent déposer autant que possible entre les deux lignes de pieux les limons extraits. La digue ainsi faite aurait 4,000 mètres de longueur. Elle serait élevée sur l'emplacement indiqué au plan. Le chenal creusé passerait au pied dans toute la partie en ligne droite.

Nous avons vu que les extractions à faire pour creuser le chenal s'élèvent à 707,850^{m3}. La profondeur moyenne à remplir avec 2 mètres au-dessus des plus grandes eaux est de 9 mètres. Si les déblais à faire sont employés uniquement à combler sur la partie en ligne droite, on n'aurait à remplir, avec les extractions, que 2,830 mètres de longueur qui, à 9 mètres de profondeur moyenne, exigent par chaque mètre de largeur 25,470^{m3}.

$$\frac{707,850^{m} \text{ cubes de déblais}}{25.470}$$ donnent la largeur qu'on peut donner à la digue en employant ces déblais rien que pour cette partie. On a ainsi 27^{m} 79 de largeur. On pourrait par suite lui donner 30 mètres de largeur.

Quant à la partie venant aboutir à la côte, les deux lignes de pilotis seraient établies provisoirement pour n'être remplies que lorsqu'on creuserait le port entier. Plus tard, la digue pourrait être élargie en établissant derrière, à une certaine distance, une autre ligne parallèle de pieux, et en remplissant l'espace entre avec les extractions provenant des fouilles du port.

Ce n'est que lors de la création définitive de ce dernier qu'on établirait de même les autres digues qui en formeraient l'enceinte.

Les constructions nécessaires sur les digues se feraient sur pilotis. Le bois doit remplacer complétement la pierre là où il est en abondance et sans valeur.

Le but d'ailleurs qu'on se propose est la création d'une communication facile et sûre entre les deux Océans avec le moins de dépenses possibles avant que de songer à l'établissement de ports vastes et profonds devant être très-utiles dans l'avenir, mais non d'une nécessité urgente.

Laissons donc à l'avenir le soin de créer ce qui lui sera nécessaire, seulement faisons dès maintenant de manière que les œuvres présentes n'entravent point, mais au contraire facilitent celles à venir, sans toutefois augmenter le chiffre des dépenses à consacrer à la création qui nous occupe.

La longueur de la digue sera de 4,000 mètres, ci................... 4,000 ᵐ

Second rang de pieux.. 4,000

Total, 8,000 mètres de ligne de pieux .... 8,000 ᵐ

Ce qui à 2 pieux par mètre donne 16,000 pieux.

Ces pieux reviendront à 15 fr., mis en place, non compris l'armature, ce qui fait 240,000 fr., ci... 240,000 f. »

Vis, $16,000 \times 15$ kilogrammes 209 = 243,344 kilogrammes à 0,35 c. = 85,170 fr. 40.. 85,170 40

Traverses, une tous les 5 mètres, soit $\frac{4,000}{5}$ = 800. Elles sont doubles, soit 1,600 ayant chacune 30 mètres de longueur = 48,000 mètres à 1 fr. 50 = ... 72,000 »

Prix total de la digue, 397,170 fr. 40 .... 397,170 f. 40

MATÉRIEL D'OUTILLAGE

Locomotives, wagons et machines à traction.

Le matériel d'outillage en locomotive, wagons et voies de fer pour les travaux doit être calculé en raison du peu de temps qu'on voudra mettre à la confection du canal, temps qui sera nécessité par la durée des plus longs travaux à exécuter tel que l'enlèvement des déblais de la tranchée du seuil de Rivas, car on sait que ce n'est pas la fouille qui prend le plus de temps, surtout avec les moyens actuels de l'opérer, mais bien l'enlèvement de la grande masse de matériaux et de débris en provenant.

Nous avions d'abord pensé que la grande largeur (54 mètres en moyenne) de l'espace sur lequel on aura à opérer pour creuser le seuil de Rivas, permettrait d'avoir facilement cinq voies d'évacuation pour mener les débris en provenant aux ports sur le Pacifique et le lac de Nicaragua.

C'est en effet un espace libre d'environ 11 mètres par voie, largeur qu'on n'a pas ordinairement pour l'exécution des tranchées de chemins de fer, et sur une longueur qui n'aurait guère dépassé 10 kilomètres, mais aurait varié entre 6 et 8 kilomètres sans avoir à monter ; et, d'un autre côté, la largeur à donner aux digues permettait encore plus facilement cette quintuple circulation.

La distance à parcourir ne devant guère dépasser 8 kilomètres, si on la prenait pour moyenne, c'était pour le voyage de chaque convoi un parcours, aller et retour, de 16 kilomètres, pour lequel il aurait fallu environ 1 heure y compris l'attache de la locomotive au convoi chargé, et le déchargement consistant généralement sur les digues des ports à faire uniquement culbuter le chargement à l'eau. L'opération de charger ne devait pas être à compter, parce que chaque locomotive devant faire le service de deux convois au moyen de voie de garage elle se serait faite pendant le voyage d'un des convois.

Au moyen d'équipes de rechange et d'un éclairage suffisant, facile avec la quantité de bois dont on disposera, le travail ne devait pas être interrompu pendant la nuit. Ce devait donc être par chaque locomotive 24 voyages par journée de 24 heures.

Nous calculions que chacune d'elles pourrait facilement traîner 20 wagons chargés chacun de 3 mètres cubes, devant peser ensemble environ 8,000 kilogr., ce qui devait faire 60 mètres cubes par voyage, pesant 160,000 kilogrammes et pour les 24 voyages 1,440 mètres cubes.

10 locomotives toujours en travail (5 dans chaque direction) auraient transporté à ce moyen par jour, 14,400 mètres cubes, ce qui, pour 14,000,000 environ de mètres cubes à extraire dans l'isthme de Rivas, et devant être transportés par wagons, aurait nécessité environ 972 jours, c'est-à-dire près de 3 ans si on tient compte des chômages obligatoires dans un pays catholique et essentiellement religieux.

Rien que pour ce travail qui sera le plus long de l'œuvre entière, et pour le faire en trois ans, il aurait donc fallu au moins 10 locomotives travaillant continuellement.

Mais ce n'est pas possible si on considère que, dans cette manipulation gigantesque, le percement du seuil de Rivas figure pour $10,464,375^{m3}$ dont 8,000,000 environ doivent être conduits au lac.

Avec ces nombreuses voies occupant toute la largeur du canal, on n'eut pu attaquer le seuil qu'à ses deux extrémités, en menant le travail de front, immédiatement à niveau du plafond du lit du canal, et, par suite, sans le développement nécessaire pour employer utilement le nombre suffisant d'ouvriers pour mener l'œuvre rapidement à fin.

Les fouilles, en effet, et l'enlèvement des déblais doivent se faire partout à la fois, et en même temps, sur toute la longueur du canal, à travers le seuil, et pour cela il ne faut pas que son emplacement entier soit occupé sans interruption sur toute sa longueur par de nombreuses voies de fer.

Voici ce que nous avons cru devoir être plus rationnel :

Deux voies seulement, dont une chaque côté de la tranchée, l'une servant à emmener les wagons pleins, toujours dans la même direction du lac, et l'autre à ramener sur les chantiers les wagons vides.

Ces voies n'auront même pas besoin d'être dans la tranchée du canal, mais parallèlement à une toute petite distance, suffisante cependant pour qu'elles soient hors de la portée des éclats de mine qui ne pourront ainsi leur causer aucune détérioration. Elles seront à demeure pour tout le temps des travaux.

De petites voies partant de chaque chantier, obliques, très courtes, et en aussi grand nombre qu'il sera nécessaire, viendront se raccorder à ces deux voies principales.

La traction ne se fera pas par des locomotives, mais au moyen d'un câble mû par de puissantes machines fixes établies à chaque extrémité.

La longueur du parcours ne sera pas tellement grande que la transmission des forces ne puisse se faire facilement, surtout en ayant soin de faire rouler le câble sur des poulies assez nombreuses pour ne lui laisser aucun frottement.

Les convois chargés dans la tranchée et prêts à partir viendront s'attacher sur le câble de la voie au moyen d'autres câbles particuliers les faisant communiquer du chantier avec la voie principale. Ce sera la machine fixe elle-même qui les sortira du chantier et les amènera sur cette voie pour leur faire prendre la file.

On aura ainsi une chaîne sans fin ramassant les convois sur tout son parcours, et les menant jusqu'à l'extrémité de la ligne des travaux où des locomotives les prendront alors pour les répartir sur les digues aux lieux de déchargement.

Une fois vides, ils seront conduits à la voie de retour qu'ils quitteront pour entrer au chantier par une petite voie oblique d'introduction, et alors des hommes ou des chevaux suffiront pour les amener au lieu même de chargement.

Il n'y aura donc dans l'intérieur de la tranchée que de petites voies d'arrivée ou d'issue essentiellement mobiles et se déplaçant selon les nécessités du travail.

Quant aux deux grandes voies principales se trouvant en dehors de la tranchée, elles seront à demeure pendant toute la durée des travaux. La vitesse dessus sera très-modérée, environ 1^m20 par seconde y compris les temps d'arrêt. On voit par les calculs suivants faits pour la voie d'émission que cette vitesse est bien suffisante.

Nous avons vu, en effet, page 106, qu'il y aura de huit à neuf millions de mètres cubes de déblais à conduire au lac pour la création des digues du port de San-Pablo.

Nous supposerons maintenant la journée, sans travail de nuit, de 14 à 16 heures de travail réel, sans aucune interruption au moyen de différentes équipes d'ouvriers se succédant de manière que chaque ouvrier ne travaille guère plus de huit heures par jour. L'enlèvement de huit à neuf millions de mètres cubes en trois ans ou environ 900 jours de travail, nécessitera le transport par jour d'environ 9,000^{m3} de déblais qui, à 3^{m3} par wagon, exige le chargement de 3,000 wagons.

Si on suppose que chaque wagon occupe sur le câble en moyenne 20 mètres, c'est en réalité un mouvement par jour de 60,000 mètres de longueur de câble, ce qui, pour 14 heures de travail réel, fait une vitesse moyenne de 1^m 20 par seconde.

Certainement, la vitesse pourra parfois dépasser 2 mètres, et atteindre même 2^m 50 sans aucun inconvénient, mais ce maximum de vitesse sera compensé par les temps d'arrêt nécessités par l'amarrage des convois sur le câble et pour les en détacher, en sorte qu'on peut facilement admettre sans exagération une moyenne de 1^m 20 de vitesse par seconde. La plus grande vitesse à 2^m 50 serait de 9 kilomètres à l'heure.

Si maintenant nous cherchons quel pourra être le poids traîné à la fois par le câble, nous trouvons que les travaux pourront s'étendre en même temps sur un parcours de 8 kilomètres, ce qui donnerait à 20^m d'espace en moyenne occupé par wagon, 400 wagons chargés, traînés en même temps.

Un wagon en charge pèsera environ 12,000 kilogrammes, soit pour 400 wagons, 4,800,000 kilogrammes. La résistance au roulement en palier et en alignement est de 4 kilogrammes par tonne, mais nous la portons ici à 5 kilogrammes en raison des légères courbes et des quelques rampes qu'il pourra être nécessaire d'établir. D'où, 4,800 tonnes $\times$ 5 kilogrammes $=$ 24,000 kilogrammes, c'est-à-dire la force réelle de traction de 3 puissantes locomotives dans de bonnes conditions de travail. C'est en réalité 300 à 350 chevaux vapeur.

Or, ce n'est pas là une force qu'on ne puisse réaliser avec deux puissantes machines fixes, une à chaque extrémité: Et d'ailleurs, au besoin, il est facile d'aider à la traction par une autre machine établie sur le parcours de la ligne.

Quant au câble de retour, 400 wagons vides à 4,000 kilogrammes, donnant un poids de 1,600,000 kilogrammes, lui occasionneront une traction de 8,000 kilogr. Une seule machine fixe suffira pour le mettre en mouvement.

Le prix de revient de trois machines fixes peut être évalué à..... 450,000 f.

40 kilomètres de câble d'acier à 5,000 francs................... 200,000

A reporter.................... 650,000 f.

Report...................... 650,000 f.

Il faudra pour tous les besoins de la création du canal environ 10 locomotives à 70,000 francs l'une 700,000

1,000 wagons que nous ne porterons qu'à 2,000 francs pièce, en raison qu'ils seront fabriqués sur les lieux où le bois ne coûtera rien, les roues et les essieux seuls devant être importés, soit....... 2,000,000

Environ 50 kilomètres de voies de fer pour tous les besoins du canal, que nous estimons seulement à 25,000 francs le kilomètre, en raison qu'il n'y a pas besoin de balast ; que le bois des traverses ne coûtera rien ; et qu'en outre, même souvent, les rails posés pour peu de temps dans certains endroits, pourront être en bois dur excessivement abondant au Nicaragua, soit...................... 1,250,000

Total de l'outillage nécessaire pour le transport des matériaux par voie de fer, 4,600,000 francs................................. 4,600,000 f.

Au moyen de quoi on sera largement outillé pour l'enlèvement, en 3 ans, notamment des débris provenant du creusement du canal à travers l'isthme de Rivas, principale opération à faire.

Difficulté d'évacuation de grandes masses de matériaux, et impossibilité sous ce rapport d'un canal au Darien et ailleurs qu'au Nicaragua.

Ces calculs montrent combien il faut de temps et de puissants et nombreux moyens de circulation pour enlever huit à neuf millions de déblais d'une tranchée peu profonde, 14 mètres au-dessus des eaux, et les conduire presque rien qu'en descendant à une très petite distance de 1 à 10 kilomètres au plus. Avec des convois traînés par des locomotives et 10 voies de fer parcourues jour et nuit par des convois ne faisant qu'aller et venir sans s'arrêter, il faudrait 3 ans et plus.

Que serait-ce alors pour les projets par le Darien, et tous leurs similaires, à niveau des Océans par le col de Tanela–Paya, et par celui de Cacarica à abaisser de 75 mètres, du sommet au plafond du canal, entre des montagnes, par une tranchée de plus de 92 kilomètres de longueur. (Ces 75^m se décomposent ainsi : 58^m au-dessus des marées, 7^m 50 de marée, et 9^m 50 de tirant d'eau du canal, basse mer).

Avec la largeur de 50 mètres au plafond, absolument nécessaire pour que les croisements puissent se faire librement sur tout le parcours, et 35° d'inclinaison à donner aux berges, ce serait, en suivant la ligne la plus droite possible, de manière à éviter les nombreux circuits du fleuve Tuyra, environ 400,000,000 de mètres cubes de déblais (1) à aller entasser aux extrémités de ce long boyau, car il ne faudrait pas penser à les monter sur les berges, et dans ce chiffre ne sont pas compris les déblais que nécessiteraient de nouveaux lits pour le fleuve et ses nombreux affluents à creuser parallèlement chaque côté du canal, de manière à conduire leurs eaux directement à la mer, afin qu'avec tous leurs apports : troncs d'arbres, roches, sables, limons, elles ne tombent pas dans le canal de hauteurs immenses atteignant parfois plus de 60 mètres lors de la marée basse.

Ce n'est plus trois ans seulement qu'il faudrait pour ces gigantesques évacuations, mais plus de 50 ans, et encore en verrait-on la fin? Voici un exemple comme preuve :

A Suez, on a pu remuer 74,000,000 de mètres cubes, mais là au moins, on les jetait immédiatement chaque côté du canal pour en former les berges. Il n'y avait donc pour ainsi dire pas de déplacement, et cependant le travail a duré huit ans.

Au Darien, c'est aux extrémités ou à peu près qu'il faudrait conduire les déblais. Voit-on quels tas on pourrait élever ainsi? Des montagnes énormes dont la plupart des matériaux viendraient de plus de 45 kilomètres de distance environ. Autrement on les jetterait à la mer, a-t-on dit. Mais alors on en comblerait le golfe San-Miguel, et la marée les refoulerait continuellement dans le canal avant même son achèvement, comme le fait a déjà lieu dans le lit du fleuve Tuyra, à Isleta, à plus de 20 kilomètres de la mer. *(Point important dans la question qui nous occupe,* dit M. Lacharme, l'ingénieur de M. de Gogorza, *où les sables et les détritus, refoulés incessamment par la marée, ont formé à la jonction des deux courants contraires un barrage considérable).*

(1) Le chiffre des déblais dépend évidemment de la largeur à donner au plafond du canal. Dans une publication récente, M. de Gogorza a accusé, pour son projet, un chiffre de 184,000,000 seulement de mètres cubes. C'est possible s'il ne donne que 20 mètres de largeur au plafond, ce qui est tout à fait insuffisant, puisqu'à Suez, bien qu'il y ait 24 mètres, les croisements ne peuvent s'y faire en marche en plein canal, mais seulement dans des gares spéciales espacées de dix en dix kilomètres environ, de même qu'ils se font aussi en gare sur un chemin de fer à une seule voie.

Ce mode de croisement est jusqu'à un certain point suffisant pour le transit de Suez, où le nombre des navires passant annuellement n'a jusqu'à présent pas dépassé 1,500, mais il serait insuffisant dans l'isthme Américain où ce nombre atteindra immédiatement environ 10,000 navires d'un tonnage moyen il est vrai moins important, parce qu'il comprendra un grand nombre de navires à voiles, tandis que, à Suez, la presque totalité est à vapeur. Pour un pareil passage, il faut de toute nécessité que les croisements puissent se faire en marche, sans ralentir, partout, et à toute heure, en plein canal. Or, *pour que les navires,* nous marque la personne la plus compétente de Suez, *puissent se croiser sans accident en marche, il faudrait de 50 à 80^m au plafond, peut-être 100.*

C'est avec une largeur seulement de 50^m au plafond, une inclinaison des berges de 35°, et les longueurs et les niveaux d'altitude donnés par M. de Gogorza lui-même, que nous trouvons le chiffre d'environ 400,000,000 de mètres cubes de déblais pour le canal seul, en ligne droite, sans les nouveaux lits à creuser aux rivières.

Que serait-ce alors lorsque la marée, au lieu de remonter un plan incliné, ne rencontrerait plus devant elle que le vide du lit du canal à niveau ? Elle s'y précipiterait avec une vitesse effrayante, et y refoulerait tous les apports faits dans le golfe, troncs d'arbres, sables, galets, limons, etc., et c'est pour cela qu'afin de l'empêcher d'y pénétrer, nous signalons plus haut la nécessité de portes et d'écluses à sa naissance (1).

Ces travaux sont possibles si on admet que l'homme puisse commencer un travail sans espoir d'en voir la fin, ce qui n'est guère de notre siècle ; mais financièrement ils ne sont pas possibles ni pour les individus obligés pendant leur vie de compter sur leurs revenus, ni pour une compagnie qui, en définitive, n'est que le représentant de la collectivité des apports individuels, dont les dépenses, avant de réaliser un centime, seraient doublées, triplées et même, les premières faites, plus que quadruplées par les intérêts seuls cumulés.

Un grand état riche et puissant peut seul entreprendre ce travail, car il peut attendre longtemps sans inconvénient l'achèvement d'une grande et belle œuvre, il peut sacrifier des centaines de millions et un grand nombre d'années à un tra-

---

(1) On a voulu, depuis, nier la grandeur des marées du Pacifique à Panama et au Darien et les effets qu'elles produisent, et qu'elles produiraient encore bien davantage dans une coupure à niveau des deux mers. Il nous suffit aujourd'hui, pour réduire à néant ces dénégations intéressées, de citer les passages suivants des ouvrages mêmes des auteurs des projets.

D'abord, dans celui publié par M. Kelley, ingénieur américain, dans son projet de canal maritime sans écluses par l'Atrato et le Truando de 1857, on lit, page 41 :

« Les routes qui restent à examiner, et qui aboutissent au golfe de Panama, sont toutes frappées de » cette difficulté, que la grande différence dans la hauteur des marées des deux Océans sur ce point, » nécessiterait absolument la construction d'écluses. Tandis que l'Océan Atlantique ne s'élève jamais » au-dessus de 0^m60, la marée dans l'Océan Pacifique monte au golfe du Darien jusqu'à 7^m50 au-» dessus de la basse mer ; à Chipigana, petite ville située à 14 kilomètres de l'embouchure du rio » Savanas, elle atteint quelquefois une hauteur de 9 mètres. Il en est de même, avec de légères varia-» tions, sur tout le littoral du golfe de Panama. Qu'une coupure directe sans écluses réunisse les deux » Océans, à la haute mer, les eaux du Pacifique se précipiteraient vers l'Atlantique avec une force due » à la moitié de la différence en hauteur des deux marées, c'est-à-dire de 3^m30 à 4^m25, et, à la basse » mer, le courant reviendrait avec la même rapidité. »

D'un autre côté, dans l'ouvrage publié, en 1875, par la Société internationale du canal Colombien sur le percement de l'Isthme américain (projet de M. Lucien de Puydt), je lis :

1° Page 16 : « Le golfe de Panama lui-même, vaste et peu découpé, est une véritable mer où le » flux se précipite avec une force et une rapidité que nul obstacle ne brise et n'atténue. »

Et 2° page 19, en parlant du golfe San-Miguel : « L'archipel des Perles en couvre l'entrée, comme » pour diminuer et ralentir la course des grandes marées du Pacifique, et briser une première fois » l'effort de ses vagues qui viennent s'engouffrer dans le golfe de Panama, dont le golfe de San-» Miguel est une baie. »

Enfin, dans l'ouvrage de M. Gogorza, sur son projet de canal par le Darien et dans le journal qu'il contient, de l'exploration de M. Lacharme, ingénieur :

1° En parlant du golfe San-Miguel en dedans et en dehors de l'île San-Carlos : « La marée y monte » de 6 à 7 mètres, davantage lorsqu'elle est favorisée par les vents d'ouest sud-ouest, et se fait sentir à » une grande distance dans la Tuyra et ses principaux affluents.

vail dont profiteront les générations suivantes ; mais, nous le répétons, il ne peut en être de même d'une compagnie : celle-ci doit connaître le montant de la dépense des travaux qu'elle entreprend, et combien de temps il lui faudra pour leur exécution. Obligée de tenir compte à ses actionnaires, dès le commencement, de l'intérêt des sommes engagées, elle ne peut prolonger un peu de temps ses travaux sans voir son capital grevé de charges énormes ; ce qui n'arrive pas à un gouvernement dont les ressources se reproduisent tous les ans, et dont une forte partie doit être employée à des travaux publics non directement productifs pour lui.

Mais alors un gouvernement l'entreprendrait-il qu'il lui faut absolument le temps nécessaire à l'exécution, et que, lors de l'achèvement, il y aurait longtemps que le projet par le Nicaragua serait exécuté, et que la dépense d'exécution serait plusieurs fois couverte par ses revenus.

Tous les projets possibles ne peuvent donc point faire obstacle à la création du canal par le Nicaragua qui, dans tous les cas, sera toujours le mieux et le plus avantageusement situé sous tous les rapports, du raccourci de la route, de la salubrité et de la beauté de la contrée à traverser et de son climat, et de la richesse incomparable non encore exploitée du pays, ainsi que nous l'avons déjà

» En été, le flux est tellement impétueux, écrit le colonel de Ariza, gouverneur du Darien en 1785,
» que l'on dit avec raison *que les rivières de cette partie de la province semblent remonter vers leur*
» *source plutôt que de suivre leur cours naturel vers la mer.* »

2° « Quatre milles plus haut, passé la Isleta, point important, dans la question qui nous occupe, où
» les sables et les détritus, *refoulés incessamment par la marée, ont formé à la jonction des deux cou-*
» *rants contraires un barrage considérable.*

3° « Ici (à la real de Santa-Maria), le Tuyra a 120 mètres de large, 3 mètres de profondeur, 3 mè-
» tres de marée et un courant d'environ 2 milles par heure (3,704 mètres), *tant avec le flux qu'avec le*
» *reflux.* » (Santa-Maria est déjà à 30 kilomètres de la mer.)

4° « Le même soir, débarqué à Pinogana (à 40 kilomètres de la mer en ligne droite), ici la Tuyra
» a 90 mètres de large, 1^{m}30 de profondeur, 2 mètres de marée et les mêmes courants (3,704 mètres). »

5° « 19 janvier, parti à 10 heures 45 minutes, à midi 45 minutes atteint la limite de la marée mon-
» tante en été par 79°47' longitude ouest de Paris (à plus de 45 kilomètres en ligne droite de la mer). »

6° Dans le résumé contenant la description de la contrée, M. de Gogorza ajoute : « Tel est le cours
» du Tuyra ; mais *l'impétuosité du flux qui le* REFOULE *jusqu'au-dessus de Pinogana*, ses rives couvertes
» de roseaux et de paletuviers ; ...... tout donne à cet immense bassin l'aspect du lit à peine des-
» séché d'un bras de mer. »

De plus, dans la légende de sa carte du Darien de 1870, en parlant de deux rivières du Darien, dont l'une, le Jurado, affluent direct du Pacifique, près la baie de Capica, et l'autre, le Balsas, affluent du Tuyra, dans lequel il tombe un peu avant son embouchure dans le golfe San-Miguel, M. de Gogorza dit encore : « Cours approximatifs des rios Balsas et Jurado el PORTAGE [*évitant les violents courants du*
» *golfe pour aller au port de Cupica*], d'après le colonel de Ariza, 1781 et 1790. »

Ainsi, comme on le voit, sous la domination espagnole, on préférait, afin d'éviter les violents courants du golfe, couper par terre pour passer de la vallée du Tuyra dans le Pacifique, en remontant la rivière Balzas, pour franchir la montagne à dos de mulets, personnes et marchandises, et redescendre par la rivière Jurado dans la baie de Cupica.

expliqué dans nos avant-projets, ce qui a toujours été reconnu par tous ceux qui se sont occupés depuis plus de 40 ans de cette grande question d'un canal à travers le grand isthme Américain.

Dragues.

Sauf dans quelques parties du surplus du parcours, où il sera relativement minime, et ne demandera qu'un temps assez restreint, le dragage comprendra une masse considérable de déblais dans le cours supérieur du San-Juan, environ 2,000,000 de mètres cubes, et une masse encore plus considérable dans le lit du vieux bras du San-Juan, au-dessous des doubles séries d'écluses du bec du Colorado, soit 5,411,250^{ms}.

A ces deux endroits, les déblais devront être, comme nous l'avons expliqué, rejetés par la drague elle-même, derrière un double rang de pieux, un chaque côté.

Les dragues chargées de ce travail auront leur couloir en tôle, très-long, atteignant jusqu'à 25 mètres, de manière que du milieu du chenal elles puissent rejeter leurs extractions de l'autre côté du rang de pieux. La charpente supportant le tambour des godets sera assez élevée, de 6 à 7 mètres par exemple, pour donner au couloir une inclinaison minima de 13° environ, suffisante pour l'écoulement des extractions, dont l'entraînement devra être facilité par un jet d'eau lancé dans le haut par des pompes spéciales mues par la machine.

A Suez, les godets non percés des grandes dragues montaient avec le sable 5 fois plus d'eau qui l'entraînait sur la berge. Nous croyons qu'il est préférable de laisser aux godets leur seule et unique destination de monter, en se débarrassant de l'eau, les sables et les vases des déblais, et de faire monter par des pompes spéciales l'eau nécessaire à l'entraînement dans le couloir. On doit obtenir ainsi beaucoup plus de travail, car les godets peuvent venir toujours pleins de déblais, sans grande augmentation de force qu'a toujours suffisamment la machine pour faire monter l'eau nécessaire, à part, par des pompes spéciales, qui donneront au jet et au courant d'eau une grande régularité en même temps que plus d'impulsion et de vitesse bien préférables pour l'entraînement.

Les dragues travailleront jour et nuit sans interruption, ce qui, la nuit, est d'autant plus facile pour elles, qu'elles n'ont pour ainsi dire presque pas à changer de place.

Dans un sol préalablement remué par la charrue sous-marine, elles devront enlever, par 24 heures, 1,200^{ms} de déblais au moins, ce qui, par année de 330 jours de travail, fait, par drague, 396,000^{ms} et pour trois ans 1,188,000^{ms}.

Pour faire complétement le travail en 3 ans dans le cours supérieur du San-Juan, dans le lac, et dans les biefs intermédiaires, il faudra bien certainement 4 dragues dont trois toujours en travail et une de rechange.

Les travaux de déblais sur le vieux bras du San-Juan sont évalués devoir s'élever à 5,411,250^{ms}, pour atteindre 8 mètres de hauteur d'eau au moment de la marée basse, ce qui portera à 12 mètres de profondeur lors des fortes marées. Cinq dragues suffiront pour faire ce travail en trois ans, y compris même celui de l'entrée du port de San-Juan del Norte.

C'est donc neuf dragues qu'il faudra, ce qui fait, à 300,000 francs l'une, 2,700,000 francs, ci...................................... 2,700,000 f.

Trois charrues à vapeur sous-marine, à 20,000 fr. chaque....... 60,000

Vingt bateaux environ pour le service de ces charrues et de celles des dragues qui ne pourront pas rejeter directement leurs extractions à 5,000 francs chaque, soit............................ 100,000

Total du matériel spécial au dragage........................ 2,860,000 f.

Nous faisons observer toutefois qu'il y a là comme un double emploi, par la raison que dans le prix de revient des déblais limoneux, nous avons compté, pour le fixer, les sommes nécessaires à l'amortissement de cet outillage, y compris même les prix d'acquisition des remorqueurs nécessaires pour leur service. Malgré cela, nous allons faire figurer ces sommes dans les dépenses nécessitées par le matériel d'outillage.

15 remorqueurs et bateaux à vapeur, tant pour le service des dragues et les besoins des travaux, transports et autres, qu'à la disposition de l'administration pour la surveillance et la direction, à 140,000 francs chaque, ensemble 2,100,000 francs.

Ce matériel de vapeur, qui pourrait être augmenté, sera très utile par la suite pour le remorquage, lors de l'exploitation du canal, et rémunérera alors largement de ce qu'il aura coûté.

Outillage divers.

Machines d'épuisement, pompes, scieries mécaniques, machines à tailler la pierre, locomobiles, grues, outils divers, etc., environ 1,440,000 fr.

Récapitulation du matériel d'outillage.

1° Locomotives, wagons, voies et machines à traction............ 4,600,000 f.
2° Dragues, charrues à vapeur et bateaux..................... 2,860,000
3° 15 bateaux à vapeur et remorqueurs..................... 2,100,000
4° Outillage divers 1,440,000

        Total de l'outillage nécessaire................... 11,000,000 f.

Bordereau des dépenses nécessitées par la création du canal.

1° 27,640,005^{m3} de déblais en roches, terre et limons..... 124,864,020 f. »
2° Pieux pour estacades et muraillements............... 5,016,506 55
3° Les cinq barrages...................... 11,517,245 »
4° Double série de 5 écluses du mont Venturon.......... 2,438,496 »
5° Double série de 5 écluses du bec du Colorado.......... 2,438,496 »
6° Double série de 3 écluses de Rivas.................. 1,519,188 »
7° Double série de 3 écluses du mont San-Carlos......... 1,519,188 »
8° Digues du port Brito........................ 1,282,966 65
9° Digues du port San-Pablo..................... 1,217,016 90
10° Digue de San-Carlos......................... 397,170 40
11° Baraquements, installation.................. 1,300,000 »
12° Télégraphie, environ 350,000 mètres à 2 fr........... 700,000 »
13° Balisage, phares et feux, environ................. 1,000,000 »
14° Service sanitaire......................... 1,000,000 »
15° Frais généraux d'administration, environ........... 8,000,000 »
16° Études préparatoires faites jusqu'à ce jour, comprenant tous ceux des travaux de canalisation qui ont véritablement aidé à la solution de la question, et qu'il est juste et légitime d'indemniser, environ................................. 1,589,706 50

        Total, 177,000,000 fr................... 177,000,000 f. »
Frais imprévus, environ 10 0/0, soit.................... 17,000,000 »

    Total général pour mener l'œuvre à fin, 194,000,000 fr. = 194,000,000 f. »

Soit, en chiffres ronds, 200 millions de francs.

La longueur du parcours de la traversée de l'Isthme étant de 285 kilomètres 700 mètres, il en résulte que le coût moyen du kilomètre sera de 700,000 francs, chiffre qu'ont quelquefois atteint quelques-uns de nos grands chemins de fer.

Nous faisons remarquer, toutefois, que sur ce chiffre de 285 kilomètres, il y en aura plus de 200 pour lesquels il n'y aura absolument aucun travail à faire.

Nous n'avons pas cru devoir nous préoccuper dans l'assiette de ce projet des nécessités financières pour la réunion du capital, ni des dépenses de déboisement des rivages que nous présumons devoir être couvertes et payées par l'exportation des grandes quantités de bois d'œuvre des essences les plus précieuses qu'il y aura nécessité d'abattre pour la submersion, et dont se chargeront au retour les navires qui devront amener le matériel et les approvisionnements nécessaires aux travaux.

CONCLUSIONS

Si nous examinons quelles sont les conclusions à tirer de ce travail, nous voyons qu'il répond parfaitement aux conditions suivantes, posées au commencement comme essentielles pour qu'un grand canal maritime entre les deux Amériques soit une œuvre complète sous tous les points de vue.

1° *Qu'il soit assez large et assez profond pour permettre le croisement, sur tous les points de sa longueur, des plus gros navires en charge :*

Sous le rapport de la profondeur, il n'aura jamais moins de 9 mètres 50, et atteindra même jusqu'à 23 mètres, et, quant à sa largeur, elle ne sera jamais inférieure à 50 mètres au plafond, et en outre, sur plus des 4 cinquièmes du parcours, elle atteindra de 600 à 3,000 mètres, et même bien plus dans le lac où elle sera, pour ainsi dire, sans limites.

Sur les quatre cinquièmes du développement, c'est-à-dire, sur 230 kilomètres environ, ce ne sera plus pour la largeur et la profondeur, à proprement parler un canal, mais bien un détroit, et même une véritable mer intérieure, interposée entre les deux grands Océans, dans laquelle les plus grands navires pourront en toute liberté et avec bien moins de danger, marcher en eau calme, à toute vitesse, mieux qu'en pleine mer ;

2° *Qu'il permette aux navires de se rendre sans désemparer d'un Océan à l'autre, à toute heure de la marée, et qu'il n'exige que très-peu de délai pour le passage d'écluses aussi peu nombreuses, et aussi peu répétées que possible :*

L'entrée à chaque extrémité en sera toujours libre, sans aucune espèce d'entrave, écluses ou autres, en sorte que les navires arrivant y entreront immédiatement à toute heure du jour et de la nuit, sans même ralentir leur vitesse.

Quant au parcours du canal, il ne comprend que quatre groupes d'écluses, formant autant de doubles séries, comprenant chacune une voie montante et une voie descendante, et dont les écluses, par suite de leur nouvelle disposition, n'exigeront même pas pour être franchies un arrêt complet, mais seulement un simple ralentissement dans la marche, en sorte que tous les navires se présentant pourront les passer immédiatement, sans perte de temps.

Si par suite d'un accroissement tellement considérable dans la navigation deux séries d'écluses ne pouvaient suffire dans l'avenir pour le passage, ce qui n'est guère probable, il serait toujours facile, pendant l'exploitation, d'en établir une troisième à côté des deux premières.

Les écluses sont d'une grandeur telle qu'un bâtiment remorqué s'y engagera librement précédé et traîné par son remorqueur ;

3° *Qu'il débouche par chacune de ses extrémités dans un port d'un accès et d'une sortie faciles, et qui offre un mouillage sûr en tout temps :*

Sous ce rapport, les deux ports extrêmes de San-Juan del Norte et de Brito, tels que nous les avons décrits, seront dans les meilleures conditions, et pourront abriter les flottes les plus nombreuses ;

4° *Qu'il soit placé dans de telles conditions topographiques et hydrauliques qu'un bon approvisionnement d'eau soit toujours assuré :*

Le lac de Nicaragua est, pour l'approvisionnement en eau d'un canal, le plus grand réservoir qui soit au monde, et nous avons vu que les 20,000 éclusées en exigeant plus de 750,000,000 de mètres cubes de liquide ne lui prendront pas même la 42ᵉ partie de celui qu'il est obligé de jeter annuellement à la mer par le fleuve San-Juan.

Le canal ainsi conçu non-seulement satisfait largement à toutes les exigences voulues pour en faire une œuvre aussi complète que possible, mais il en résulte encore que toutes les difficultés sont tournées au profit de la facilité d'exécution et surtout de la salubrité des travaux.

Il offre les plus grands avantages à la navigation qui traverse presque partout un véritable détroit, bien plus vaste que celui des Dardanelles, sans ses inconvénients d'un courant contraire, avec toute liberté de manœuvres, là où elle osait à peine entrevoir un simple canal nécessairement trop restreint, quelque large qu'on eut osé le supposer, et sur l'emplacement d'un fleuve que ses rapides ont toujours fait considérer comme infranchissable.

Par suite de cette création, par des moyens si simples, d'une longue mer intérieure étagée au-dessus des deux Océans, à travers le grand Isthme, il n'est plus permis de dire que, pour la canalisation, celui-ci est ailleurs plus étroit qu'au Nicaragua ; car sur ce parcours de 285 kilomètres, 50 tout au plus auront véritablement la largeur restreinte d'un canal, de sorte que c'est cette étendue seulement qui constitue la véritable largeur de l'Isthme à canaliser.

A Panama et au Darien, où l'Isthme est le plus étroit, c'est une étendue de plus de 80 kilomètres, et à travers des altitudes de 80 à 100 mètres qu'il y aurait à percer un canal sans assez d'eau au sommet pour l'alimenter, en sorte qu'on serait obligé d'avoir recours à un canal à niveau sans pour cela se passer d'écluses à cause des différences de marées des deux Océans.

Or, nous avons vu contre quelles impossibilités pratiques on viendrait alors se heurter.

Si maintenant on examine au point de vue commercial des principaux peuples du globe quelle est la route la plus courte et la plus avantageuse à travers le grand Isthme, on voit tout de suite que c'est la ligne droite que traverse le 11me parallèle nord, débouchant chaque côté en pleine mer, sans aucun détour obligé pour se diriger immédiatement dans n'importe quelle direction. Un canal percé plus au Midi détournerait de cette ligne droite, et aboutirait forcément dans le golfe de Panama en dehors des courants des vents alizés, et ferait descendre inutilement vers l'Equateur de plus de 4 degrés, au-delà du 7e parallèle nord, pour les remonter forcément ensuite, et occasionnerait ainsi un détour inutile de plus de 1,000 kilomètres, afin de tourner le cap Mala, pointe extrême de la province de Veragua. Or, 1,000 kilomètres, sont encore la 20e partie du parcours qu'on veut économiser en évitant le passage par le cap Horn.

Ce serait donc aller contre le but qu'on se propose, ou du moins en négliger une bonne partie, et pourquoi? Pour passer par des contrées marécageuses en plaine, malsaines, inhabitées et inhabitables, n'offrant, sur un trajet de 70 à 80 kilomètres, que des eaux stagnantes dans les parties basses, et à Panama que des rochers arides dans les parties montagneuses, et où l'on ne trouve pas un point propre à un grand établissement commercial, à l'abritage des flottes, au développement et à l'échange des produits du sol.

Tandis que par le Nicaragua le canal traversera la partie du grand Isthme la plus saine, la plus fertile, arrosée par le plus grand nombre de rivières dont quelques-unes navigables, développeront, ainsi que les lacs, tous les éléments de progrès agricoles et la plus grande activité commerciale jusqu'aux points les plus éloignés de l'intérieur.

Presque sur tout son parcours, le canal offrira au commerce des ports magnifiques : à San-Juan del Norte, en amont de la digue du bec du Colorado, sur tout le parcours du San-Juan au-dessus, à San-Pablo, à Rivas, dans les parties submergées du rio Grande, et enfin à Brito sur le Pacifique.

Que l'on songe aux effets presque miraculeux que produira le passage annuel à travers ce beau pays, de huit à dix mille bâtiments, qui échangeront les produits étrangers contre ceux de l'Amérique centrale, et feront circuler partout la vie et la richesse ! On peut se figurer ces rives, aujourd'hui solitaires, peuplées de villes et de villages ; ce lac, aujourd'hui morne et silencieux, sillonné de navires ; ces terres incultes, bien cultivées, ces forêts et ces mines exploitées, et ces rivières qui se jettent dans les lacs et dans le San-Juan portant au cœur du pays tous les bienfaits de la civilisation.

Juillet 1875.

Aristide-Paul BLANCHET.

TABLE DES MATIÈRES